STEPPELAND

HOLLANDIA DOMINICUS REISVERHALEN

Bij uitgeverij Hollandia zijn inmiddels verschenen:

Zeeboeken
Tania Aebi, *Solo*
Eerde Beulakker, *Naar koude kusten*
Henk Bezemer, *Vier zomers zeilen*
Daniel Charles, *Eric Tabarly*
Erskine Childers, *Het raadsel van de Wadden*
Johan Haverdings, *Levkas bound*
Jean Heijlbroeck, *De wereld is rond*
Durita Holm, *Reis om de blauwe planeet*
Claes en Welmoed Honig, *Laatste vrijheid*
Herman Jansen, *De horizon zeilde mee*
Maureen Jenkins, *Alleen op reis*
Tristan Jones, *Op drift*
Tristan Jones, *De ongelooflijke tocht*
Jan-Ru Muller, *De geur van water*
Frank Mulville, *Stranding bij Terschelling*
Eric Newby, *Mijn jaren voor de mast*
D. Sleightholme, *Zeemanschap voor toerzeilers*
Joshua Slocum, *Alleen met de* Spray *de wereld rond*
Ann Spencer, *Joshua Slocum*
Rosie Swale, *Rosie*
H.W. Tilman, Mischief *in Patagonië*
Hans Vandersmissen, *Avontuur op de Friese zee*

Landboeken
Peter Jansen, *Een penthouse in Xiahe*
Eric Newby, *De grote rode treinreis*
Wout Overbeeke, *Over het dak van Amerika*
Mauno J. Pyhtilä, *Petronella*
Robert Falcon Scott, *Scotts laatste expeditie*

Tjalling Halbertsma

Steppeland

Berichten uit Mongolië

Hollandia · Haarlem

© 2003 Tjalling Halbertsma
© 2003 Uitgeverij Hollandia BV, Postbus 317, 2000 AH Haarlem
(e-mail: post@gottmer.nl)
Uitgeverij Hollandia BV maakt deel uit van de Gottmer Uitgevers Groep BV
Omslagontwerp: Mark van Wageningen
Foto's: Foto's: (voorzijde omslag) Kazak-jager met adelaar, West-Mongolië (© David Edwards photography, www.daveedwards.com);
(voorflap, van boven naar beneden) bezoek van Enkhbayar (links op de bank, in een *deel*) aan een stadsfamilie (© Offices of Prime Minister of Mongolia), monniken in Amarbayasgalant (CIRCA / Tj. Halbertsma), dansers tijdens de eerste volledige *tsam*-ceremonie sinds de jaren dertig, in Amarbayasgalant (CIRCA / Tj. Halbertsma);
(achterflap, van boven naar beneden) auteur bij Dukha-rendierherders in Noord-Mongolië (CIRCA / Alan Wheeler), Aralbay en Bakyt op weg naar Ölgii (CIRCA / Tj. Halbertsma), het Erdeenezuu-klooster, opgebouwd uit de resten van Karakoram (CIRCA / Tj. Halbertsma).
Zetwerk: Peter Verwey Grafische Produkties bv, Zwanenburg
Druk en afwerking: Drukkerij Haasbeek, Alphen aan den Rijn

ISBN 90 6410 383 6 / NUR 508

INHOUD

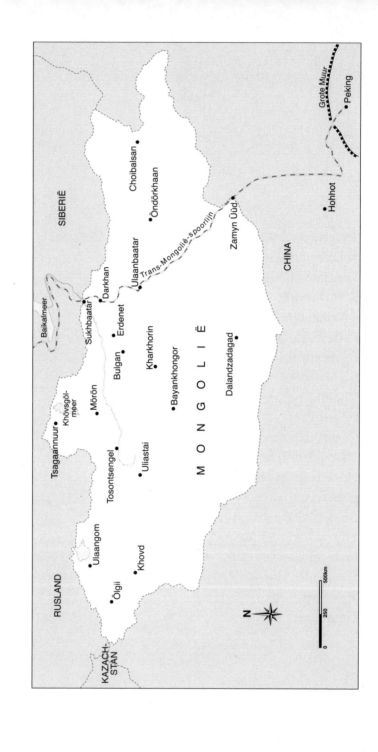

Ter nagedachtenis van
Roderick van Antwerpen
(1969–1983)

'... it isn't easy to understand what particular purpose
was given to these expeditions,
except to enlighten and enthral the members of the party...'

Tim Coates in *Travels in Mongolia* (1902)

Ten geleide

Residentie Ikh Tenger – De Grote Hemel
najaar 2003

De vroege westerse reizigers die Mongolië vanaf de dertiende eeuw wisten te bereiken karakteriseerden hun tochten als 'varen op een zee van land'; ze waren vrij om elke richting te kiezen die zij wilden, ongehinderd door wegen, muren of grenzen. Reizen door Mongolië was een zwerftocht over de eindeloze steppen, woestijnen en taiga's van mijn land. Het leek wel alsof ze een andere wereld ontdekt hadden, en vanuit hun perspectief was dat ook zo. In hun verhalen schiepen zij een romantisch en exotisch beeld van Mongolië. Soms hadden zij gelijk en waren hun beschrijvingen al dan niet vermakelijk, maar soms ook riepen hun verslagen belangrijke vragen op over de wereld en onze plaats daarin.

In de periode dat legendarische reizigers als Marco Polo en Ruysbroeck naar het oosten reisden, trokken er eveneens Mongoolse reizigers naar het westen. Het kan zijn dat deze vroege oosterse en westerse avonturiers elkaar halverwege hun tocht ontmoet hebben, maar in elk geval deden zij belangrijke ontdekkingen met betrekking tot de wereld die zij achter zich hadden gelaten en de nieuwe werelden die zij binnentrokken.

Zulke reizen kunnen nog altijd in Mongolië worden gemaakt, en een aantal daarvan maakten Tjalling en ik samen. Ik herinner me dat we op een tocht met een Engels tv-gezelschap bij de vilten *ger*-tent van een herdersfamilie aankwamen, waarvan alleen de kleinste kinderen thuis waren. We dronken er thee, aten van het voedsel dat de ouders hadden achtergelaten en legden de verbaasde buitenlandse reisgenoten uit dat iedere vermoeide reiziger in Mongolië een *ger* kan binnengaan en van de gastvrijheid van de bewoners kan genieten, zelfs als die niet thuis zijn. Een van de buitenlanders zei geamuseerd nu pas te begrijpen dat Genghis Khan zich eigenlijk simpelweg aan die Mongoolse gastvrijheidsregels hield toen hij naar het westen optrok, en dat de westerse stedelingen hem verkeerd begrepen moesten hebben...

Deze grap zette ons echter wel aan het denken over de enorme verschillen tussen de levensstijl van nomaden en die van stedelingen, en ook bedachten we hoezeer een reis door Mongolië die tegenstellingen kan verhelderen.
Steppeland laat u zien dat de aankomst in Mongolië het begin van een nieuwe reis is. Ik ben Tjalling oprecht dankbaar voor dit boek en het beeld van Mongolië dat hij erin oproept, en ik hoop dan ook dat een ieder zich opnieuw wil openstellen voor dit oude rijk en de gastvrijheid van zijn bewoners.

Н.ЭНХБАЯР

МОНГОЛ УЛСЫН ЕРӨНХИЙ САЙД

Nambar Enkhbayar
Minister-president van Mongolië

Verantwoording

Dit reisverhaal is gebaseerd op de tochten die ik tussen 1998 en 2003 in Mongolië en de Chinese provincie Binnen-Mongolië maakte en is bovenal het resultaat van ontmoetingen met herders, stedelingen en reisgenoten in Mongolië en de hulp van een bataljon correctoren en meelezers in Nederland. Dank gaat in de eerste plaats uit naar Madelon Koning en Chris van Gelderen, beiden uitgever bij Gottmer, met wie het een plezier was om dit reisverhaal op papier te krijgen. Mijn broer Sam las en verbeterde de eerste versie en kreeg daarmee het taaiste stuk voor zijn kiezen. Heel veel dank.

Floris-Jan van Luyn, die als China-correspondent van *NRC Handelsblad* zelf regelmatig over Mongolië schreef en Guido Verboom, antropoloog en reisgenoot, lazen en verbeterden eveneens een vroege versie. Anne Meijdam, de *sage* van Peking, voorzag een latere versie van commentaar. Aan allen veel dank voor hun kritische opmerkingen en suggesties. Mogelijke fouten, *yaghs dee* en interpretatie komen uiteraard voor mijn rekening.

National Geographic-fotograaf Dave Edwards gaf genereus toestemming voor het gebruiken van de foto op het omslag (www.daveedwards.com), en curator Bumaa was behulpzaam bij het selecteren van het fotomateriaal dat het Nationaal Geschiedkundig Museum van Mongolië beschikbaar stelde. De Hulsewé-Wazniewski Stichting maakte het mogelijk om opnieuw naar Binnen-Mongolië te reizen, en ambassadeur De Heer in Peking voorzag me van een introductie voor het Cultureel Erfgoed Bureau van Hohhot, waar professor Gai Shanlin en directeur Wei Jian hun kennis van hun vakgebied met me deelden. Minister-president Enkhbayar schreef een ten geleide. Ook hun ben ik veel dank verschuldigd.

Tijdens de tochten in West-Mongolië werd ik vergezeld door Canat, die behalve kundig, ook uitzonderlijk goed reisgezelschap was (www.mongoliaaltaiexpeditions.com). Dank voorts aan alle vrienden en collega's in ICOREC/ARC en WWF-Mongolië.

Het is een onbegonnen taak alle families die me zo gastvrij in hun appartementen, blokhutten, *ger*-tenten en tipi's onthaalden of me van vervoer voorzagen hier bij naam te noemen, maar ik ben hun onzeglijk dankbaar voor hun gulle gaven en de werelden die ze me lieten zien.

Hoewel Mongolië bijna vijftig keer zo groot is als Nederland, is het in een andere zin een klein land: iedereen kent iedereen. Dit betekent dat ik een aantal persoonsnamen – bijvoorbeeld die van de familie Parker, Erdeene en Biba – en drie plaatsnamen heb moeten wijzigen.

Tot slot veel dank aan mijn reisgenoten op de Muur en in Mongolië: Alan Wheeler, Canat, premier Enkhbayar, Biba, Khurenbaatar, de familie Parker, Mapa en Pama, Zaya, Otgonbayar, William Lindesay, Baatar Bazaariin en zijn familie, Rogier en Endang, Martin Palmer, Matt Cousins, Chimed-Ochir, Erdeene, Ganbat, Zhao Xiaomin, Na Wei, meneer Babala, Amarbayasgalant-gezellen, Bold, Erdeenebaatar, en natuurlijk Narantuya Peruvdash, die me eerst hielp met de vertalingen en me vervolgens afraadde dit verhaal te schrijven. 'We hebben niets aan leunstoelreizigers,' merkte ze op, 'laat hen Mongolië toch zelf ontdekken.'

Ze heeft natuurlijk gelijk. Neem warme kleren mee.

Za.

T.H.
Ulaanbaatar, voorjaar 2003

Vreemde woorden en afkortingen

Er bestaan verschillende systemen om het Mongools naar het Nederlands te transcriberen. Zo wordt de naam van de veldheer die in 1206 Mongolië verenigde bijvoorbeeld gespeld als 'Genghis', 'Jenghis', 'Djingiz' of 'Chinggis'; zijn titel als 'khan', 'khaan', 'chan' of 'han'; en de Mongoolse hoofdstad als Ulaanbaatar, Oelan Bator of Ulan Bator – nog afgezien van het feit dat de stad in de moderne geschiedenis minstens vier keer van naam veranderd is. Ik heb voor Mongoolse woorden en namen een spelling gekozen die volgens mij het meest bekend is bij Nederlandstalige lezers; eenzelfde uitgangspunt geldt voor de Chinese transcripties.

airag	gefermenteerde paardenmelk
balbal	stenen sculptuur uit Turkse periode, zesde en zevende eeuw (Kazak)
baursak	gefrituurde deegsnippers (Kazak)
Bogd Gegeen	traditioneel hoofd van de Mongoolse boeddhisten
Bogd Khan	staatshoofd Mongolië tussen 1911 en 1924
Daragmed	'Dank u' (Kazak)
deel	kledingstuk, pij
Dukha	rendiervolk in het noorden van Mongolië en in Tuva, Rusland

eeren	linnen zak met sjamanistische objecten (Dukha)
ger	tent van vilt of boombast
guanz	eenvoudige eetgelegenheid in *ger* of *khashaa*, meestal langs de weg
Ikh Khural	parlement; letterlijk: 'grote bijeenkomst'
Ikh Khuree	naam Ulaanbaatar vóór 1924; letterlijk: 'grote kloosterstad'
Ikh Tenger	vallei met regeringsresidenties; letterlijk: 'grote hemel'
Indranil	nieuwe Mongoolse familienaam; ook: kostbaar gesteente
Janraisig	Mongoolse naam voor boeddhistische god Avalokitesvara, Guanyin of Kannon (Sanskrit respectievelijk Chinees en Japans)
Karakas	clannaam; letterlijk: 'zwarte wenkbrauwen' (Kazak)
Kazak	volk in westen van Mongolië en Centraal-Azië
Keshir	'Vergeef mij' (Kazak)
khadag	sjaal die als teken van respect aan een heilige of geëerbiedigde gast gegeven wordt
Khalkh	etnische meerderheid in Mongolië
Khampo Lama	titel van het hoofd van een boeddhistisch klooster
Khar Zakh	markt in zuiden van Ulaanbaatar; letterlijk: 'zwarte markt'
khashaa	erf, letterlijk 'hek', 'omheining'
khereksur	stenen graven of altaren, hier uit circa tweede eeuw (Kazak)
khoomii	polytonale keelzang
khushuur	gefrituurde vleespannenkoek

linka	attribuut in *tsam*-ceremonie (Tibetaans)
morin khuur	traditioneel tweesnarig strijkinstrument
MPP	Mongoolse Volkspartij
MPRP	Mongoolse Revolutionaire Volkspartij
Nairamdal	vakantieoord uit communistische periode bij Ulaanbaatar; letterlijk: 'vriendschap'
negdel	herderscollectief
NMMH	Nationaal Historisch Museum van Mongolië
Nukht	vakantieoord uit de communistische periode bij Ulaanbaatar
ög	tipi, wigwam (Dukha)
ovoo	heilige formatie van stenen of boomstammen, vaak op een bergpas
Sansar	nieuwe familienaam; letterlijk: 'kosmos'
shanag	danser in *tsam*-ceremonie
Sojoez 39	Russisch ruimtevaarttoestel
soyombo	boeddhistisch symbool dat in Mongoolse vlag en wapen is opgenomen, letter
SWAT	Special Weapons and Arms Training
tenger	hemel, vereerd in sjamanisme
togrog	nationale munt van Mongolië (1100 *togrog* was in het voorjaar van 2003 ongeveer 1 euro)
toono	rond open houtwerk in de top van een *ger*
Tsaatan	rendiervolk, Mongoolse benaming voor Dukha
tsam	ceremoniële boeddhistische maskerdans
Tumen Ekh	dansgroep in Ulaanbaatar
UAZ	merknaam Russische jeep of busje
Urianghai	vroege benaming voor Dukha

yaghs dee	onzin, indianenverhaal
yurt	*ger* (Russisch)
za	woord met veelvoud aan betekenissen, hier meestal als teken van goedkeuring of overeenstemming
zog	attribuut in *tsam*-ceremonie (Tibetaans)
zud	extreme kouperiode in de winter

Kort chronologisch overzicht van de Mongoolse geschiedenis

221 v.Chr.	De eerste keizer van China begint de bouw van de Grote Muur als bescherming tegen de Mongolen
1162	Temujin geboren (†1227)
1189	Temujin neemt de naam en titel Genghis Khan aan
1206	Genghis Khan verenigt de volken van Centraal-Azië en begint zijn wereldveroveringen
1227	Genghis Khan sterft en wordt in een geheim graf begraven
1235	Karakoram, de eerste Mongoolse hoofdstad, gesticht
1241	De Mongoolse Gouden Horde bestormt Kraków en staat aan de grenzen van Europa
1253	De Vlaming Van Ruysbroeck bereikt Mongolië
1271	De kleinzoon van Genghis roept de Yuan-dynastie uit, met als hoofdstad het huidige Beijing
1275	Marco Polo bereikt Shangdu, de noordelijke hoofdstad van het Mongoolse rijk
1287	De nestoriaanse pelgrim Rabban Sauma uit Khan Balek, Beijing, bereikt Europa
1368	De Mongoolse Yuan-dynastie wordt verslagen, de

	Chinese Ming-dynastie heerst en de bouw van de Grote Muur wordt hervat
1586	Het Erdeenezuu-klooster wordt opgebouwd uit resten verwoest Karakoram
1636	Het gebied ten zuiden van de Gobi-woestijn, 'Binnen-Mongolië', wordt door de Chinese Qing-dynastie ingenomen
1639	De eerste Bogd Gegeen wordt benoemd tot leider der boeddhisten
1691	Het gebied ten noorden van de Gobi-woestijn, 'Buiten-Mongolië', wordt door de Chinese Qing-dynastie ingenomen
1737	Stichting van het Amarbayasgalant-klooster
1832	De eerste *tsam*-dans vindt plaats in Ikh Khuree, later Ulaanbaatar
1869	De achtste Bogd Gegeen, Javzandamba Agvaanluvsanchoyjindanzanvaanchigbalsambu, wordt geboren (†1924)
1893	Sukhbaatar wordt geboren (†1923)
1911	De Chinese Qing-dynastie valt; Bogd Gegeen roept het onafhankelijke Mongolië uit en neemt de titel 'khan' aan
1920	De oprichting van de MPP
1924	De Mongoolse Volksrepubliek wordt uitgeroepen, hoofdstad Ulaanbaatar; MPP wordt MPRP
1937	Kloosters gesloten, massale vervolging van monniken onder Choibalsan; de laatste volledige *tsam*-ceremonie van de twintigste eeuw wordt uitgevoerd
1938	Darji Kakarman wordt geëxecuteerd

1941	Het Mongoolse schrift wordt vervangen door het cyrillische
1945	De Jalta-conferentie: Churchill, Roosevelt en Stalin handhaven de onafhankelijke status van Mongolië; Mongolië verklaart Japan de oorlog
1946	China erkent Mongolië; Binnen-Mongolië wordt opnieuw een provincie van China
1952	Choibalsan sterft, Tsedenbal wordt tot nieuwe Partijvoorzitter benoemd
1955	De eerste *negdels* (collectieven) worden opgericht
1960	Dukha en rendieren worden naar *negdels* overgeplaatst
1981	Gurragchaa, 'Generaal Kosmos', wordt gelanceerd in de Sojoez 39
1984	Tsedenbal tijdens bezoek aan Moskou om gezondheidsredenen afgezet
1990	Anti-MPRP-demonstraties; de MPRP geeft de macht uit handen en schrijft vrije verkiezingen uit; Dukha trekken met rendieren terug naar Taiga; Mongolië herwint de facto zijn onafhankelijkheid van de Sovjet-Unie
1992	De MPRP wint parlementaire verkiezingen, de Volksrepubliek Mongolië wordt herdoopt tot 'Mongolië'; de laatste Russische soldaat verlaat Mongolië
1996	De coalitie Democratische Alliantie wint parlementaire verkiezingen
1997	Darji Kakarman in ere hersteld
1999	De eerste van drie opeenvolgende *zud*-rampen
2000	De MPRP wint opnieuw de verkiezingen; Enkhbayar wordt tot premier benoemd
2003	Kraków herdenkt met trompetgeschal op elk heel uur de Mongoolse invasie van 1241

Rode Held

'Buiten-Mongolië is van ons,' zegt Li Gang terwijl hij een gebaar maakt naar de heuvels die zich voor ons uitstrekken. We
staan op de Grote Muur van China, op de laatste dag van een
tocht van een week lang, en kijken uit naar het noorden. Achter de horizon ligt de Gobi-woestijn en daarachter moet zich
het enorme stepperijk van Mongolië bevinden.

Li Gang is een Chinees en hoewel zijn voorvaderen de Grote
Muur juist bouwden om de plunderende Mongolen buiten
hun rijk te houden, delen velen van zijn landgenoten zijn mening.

'Ooit zal Buiten-Mongolië zich opnieuw met het Chinese
moederland verenigen,' voorspelt hij terwijl hij zich omdraait
om naar huis te gaan.

Ik kijk naar het geweldige bouwwerk waarop we staan. De
Grote Muur werpt zich over de bergkammen van Noord-Chi-
na, om zich op een van de rotspieken te splitsen en verschillende valleien tegen een Mongoolse invasie af te sluiten. Al in de
derde eeuw voor onze jaartelling begon de eerste keizer van
China met de bouw van wat in het Chinees toepasselijk de
Lange Muur wordt genoemd, maar wat evengoed de Mongoolse Muur had kunnen heten. Hoewel de muur sinds jaar en
dag een symbool van China's vernuft en vastberadenheid is,

ligt de oorsprong ervan immers in de angst van de Chinezen voor het Mongoolse ruitervolk.

Terwijl we over de muur lopen, probeer ik me voor te stellen hoe op een dag de Mongolen vanuit het noorden kwamen aanstormen en verbijsterd hun paarden tot stilstand brachten. Vóór hen waren duizenden arbeiders in de weer met het metselen van de metershoge muur. De Grote Muur, waarvan de verschillende delen bij elkaar ruim vijfduizend kilometer lang zijn, is nu grotendeels vervallen en overwoekerd door planten, maar de schaal van het defensiebouwwerk geeft aan hoe serieus de Mongolen werden genomen.

In slechts vijftig jaar wisten de Mongoolse troepen een derde van de wereld te veroveren, het grootste rijk dat de geschiedenis ooit gezien heeft, en na een verslindende opmars naar het westen kwamen de manschappen in 1241 uiteindelijk aan de grenzen van Europa te staan. Genghis Khan, de Mongoolse veldheer die de veroveringen was begonnen, had echter opgemerkt dat het eenvoudig was om de wereld te veroveren, maar veel moeilijker om uit het zadel te stappen en haar te besturen. Het Mongoolse rijk viel inderdaad al snel uiteen, maar de veldtocht maakte een onuitwisbare indruk op Europa en bepaalde eeuwen later ook mijn beeld van het land.

'Mongolië, Buiten-Mongolië, de Mongolen...' – deze woorden zijn in mijn voorstelling metaforen zowel voor het onherbergzaamste en meest afgelegen land op aarde als voor een ruitervolk dat in een stofwolk brullend komt aanstormen.

Li Gang is verbaasd als hij hoort dat ik in Mongolië voor een politicus ga werken. 'Het eten is er slecht, de bewoners zijn vies en het leven is er *xinku*, vol ontberingen,' waarschuwt hij als we aan de Chinese zijde van de muur omlaag klimmen.

We lopen langs een pad naar een boerderijtje dat voornamelijk van stenen uit de Grote Muur gebouwd is, en rijden terug naar Peking, de Chinese hoofdstad die ooit door de Mongolen werd gesticht. Een kleinzoon van Genghis riep het in 1271 tot zijn hoofdstad uit en begon met de bouw van de Verboden Stad, die nu als het hart van het klassieke China beschouwd wordt, maar dus in feite een Mongoolse oorsprong heeft.

In het Landao-warenhuis van Peking ga ik op zoek naar warme kleren voor de reis naar Mongolië. Het is december, en de koudste maanden van het jaar moeten nog aanbreken. Mongolië heeft een extreem landklimaat waarin 's zomers de temperatuur tot veertig graden Celsius kan oplopen om vervolgens in januari tot min vijftig te dalen. Ik loop door het warenhuis en vraag een van de geüniformeerde winkelbediendes om een dikke wollen trui met een kraag, maar die verkopen ze niet.

'Koop maar losse wol,' zegt het meisje, waarna ze naar een oudere Chinese dame wijst die geduldig op een stoel naast de lift zit te breien. De vrouw blijkt gepensioneerd te zijn, maar komt als breister vrijwel dagelijks naar de wolafdeling van het warenhuis. Haar gereedschap bestaat uit een stoel en een paar pennen. Nadat we over prijs en maat hebben overlegd, koop ik ruim een kilo wol – en als ik nog iets extra betaal, zal ze de trui de dag erna af hebben, op tijd voor mij om de volgende trein naar Mongolië te halen. 'Extra, extra groot,' herhaalt de vrouw mijn verzoek voordat we afscheid nemen.

Twee dagen later rij ik met een trein vol Mongoolse handelaren en studenten het station van Peking uit in de richting van Ulaanbaatar, de hoofdstad van Mongolië. Ik heb een enorme trui aan, waarvan de kraag tot ver over mijn voorhoofd uitgerold kan worden, en de mouwen zijn zo lang dat ik ze vele malen om moet slaan.

In de trein is het behaaglijk warm, maar buiten giert een koude noordenwind over de bevroren akkers van China. Twee uur later passeren we de Grote Muur. Vanuit de trein zie ik op de bergkammen de wachttorens staan die de Chinese legers tegen de aanstormende Mongolen moesten beschermen. Nu rijdt er vrijwel dagelijks een trein vanuit Mongolië het Chinese rijk binnen.

Mongolen hebben niet eens een visum voor China nodig, vertellen de studenten in mijn coupé. De andere passagiers zijn voornamelijk handelaren die in Peking op de Russische markt kleren, zonnebrillen en computers hebben gekocht. Een van hen voelt aan mijn trui en steekt goedkeurend een duim op.

Aan de grens worden de wagons omhooggetakeld om er nieuwe wielstellen onder te plaatsen, die op het spoor van Mongolië passen. De Mongolen in mijn coupé zeggen dat het spoor in hun land het breedst is, wat later door een Chinese conducteur wordt tegengesproken.

In een uur tijd zijn alle wagons van nieuwe onderstellen voorzien en dan rijden we Mongolië binnen. Flessen wodka worden opengetrokken en niet veel later, in Zamyn Üüd, stapt er een beambte van de Mongoolse douane de trein in.

'Welkom in Mongolië,' zegt de douanier, die zelf ook een borrel op heeft en zijn stempel met een enorme klap in mijn paspoort slaat.

Mijn reisgenoten zijn gul met de fles wodka en de cabine komt al snel vol te zitten met Mongoolse passagiers, die in verbazingwekkend goed Duits, Engels of Chinees een praatje komen maken. Iedere keer dat China ter sprake komt wordt er gescholden: op het bocht *erguotou* dat de Chinezen drinken, de handelswaar die ze net van hen gekocht hebben en de trucs die de Chinese verkopers bij het onderhandelen hebben uitgehaald. Ik moet aan Li Gang denken en aan zijn wens dat Mongolië zich ooit opnieuw bij China zal aansluiten, wat me opeens heel onwaarschijnlijk lijkt.

Een handelaar schenkt mijn glas nog eens vol en vraagt me waarom ik juist in de winter naar Mongolië ga: de meeste buitenlanders bezoeken het in de zomer.

Ik antwoord dat ik voor een Mongoolse politicus ga werken die zich opmaakt voor de parlementsverkiezingen van 2000.

'Alle politici zijn dieven en oplichters,' zegt de man, om vervolgens een toast op mij en de kandidaat uit te brengen. 'Wie is het?' vraagt hij dan, terwijl hij zijn glas heft.

Ik noem zijn naam. De mannen in de coupé praten even onder elkaar in het Mongools.

De handelaar buigt zich naar me toe – ik kan de wodka in zijn adem ruiken. 'Je vriend gaat winnen,' voorspelt hij, waarna hij het glas achteroverslaat.

De volgende morgen zitten er kleine ijsbloemetjes in de hoeken van de ramen van de treincoupé. De meeste reizigers liggen nog te slapen, maar in het gangpad staat een student roerloos voor een venster. Hij slaakt een diepe zucht als ik naast hem kom staan en het uitzicht in me opneem. Tussen de ijsbloemen door is een eindeloos golvend sneeuwlandschap te zien, dat zich in blauwe en witte tinten tot aan de horizon uitstrekt. In de heuvels ligt er alleen sneeuw tussen de rotsen en gaat het sneeuwlandschap in paarse en lila tinten over.

De student, die na drie jaar studie in Engeland eindelijk weer thuis is, zegt geen woorden te hebben voor wat hij ziet en verzucht hoezeer hij Mongolië gemist heeft. Het land dat zich voor ons uitstrekt is inderdaad onbeschrijflijk mooi en laat zich ook met geen enkel ander landschap vergelijken. Iedere keer als ik door het treinraam naar buiten kijk, vraag ik me af wat het Mongoolse landschap zo karakteristiek maakt dat iedereen die het gezien heeft nog jaren later zelfs een plaatje ervan onmiddellijk herkent.

In veel opzichten is Mongolië uitzonderlijk. Het land is om te beginnen bijna vijftig keer zo groot als Nederland, maar telt slechts 2,3 miljoen inwoners. Daarentegen graasden er in 1999 ruim dertig miljoen schapen, geiten, koeien, paarden, rendieren, kamelen en yaks in de steppe, afgezien van de duizenden wilde gazellen, kamelen, elanden en andere soorten wild die in het land te vinden zijn. Dieren staan zo centraal in het Mongoolse leven dat er driehonderd kleuren zijn om hun vacht aan te duiden. Ook de vegetatie is bijzonder: in de taiga en op de steppen van Mongolië zijn plantensoorten te vinden die nergens anders ter wereld groeien.

Het steppeland ligt hoog, gemiddeld bijna 1600 meter boven zeeniveau, al is dat een referentiepunt dat in Mongolië vrijwel onbekend is, want de meeste Mongolen hebben de zee nooit gezien... Het land ligt ingeklemd tussen China en Rusland, en de dichtstbijzijnde zeehaven ligt in China, op 700 kilometer afstand van de Mongoolse grens.

Niet alles aan Mongolië is echter kolossaal. Tijdens mijn eerste bezoek in 1998 lag er in het hele land slechts duizend kilometer geasfalteerde weg, werd het aantal computers op nog geen 1500 geschat en was er bij mijn weten nergens in Mongolië een roltrap te vinden. De Engelstalige weekkrant *The Mongol Messenger* bestond destijds uit een overzichtelijke acht pagina's in A3-formaat, met koppen als 'Eerste wasserette arriveert in Ulaanbaatar' en 'Aantal taxi's in hoofdstad met vijftien uitgebreid'; ze werd in een zo kleine oplage gedrukt dat het mogelijk was om alle kranten met de hand te corrigeren als er een fout was gemaakt.

Mongolië is dus in de eerste plaats een enorme wildernis van land en dieren, en het leven van de Mongolen wordt beheerst door het klimaat en de natuur, omdat de winter bijna acht maanden duurt en er tot in juni sneeuw kan vallen. Desondanks woont het merendeel van de Mongolen in een *ger*-tent, in het westen beter bekend als *yurt*. De tenten worden van wit en grijs vilt gemaakt en hebben een houten deurtje dat steevast op het zuiden is gericht – vanwaar de goede en warme seizoenen komen. Al in de dertiende eeuw werden de tenten door Marco Polo en andere verbaasde westerse bezoekers beschreven, maar ook geprezen nadat de Europeanen er tijdens sneeuwstormen hun toevlucht in hadden gezocht. Sindsdien zijn de Mongoolse *ger*s grotendeels ongewijzigd gebleven. Heel af en toe staan er op de tent een zonnepaneel en een satellietschotel, zodat de herders Star TV uit Hongkong kunnen oppikken om zich over *Baywatch* te verbazen of hun land op National Geographic Channel te zien.

Vanuit het treinraam zie ik regelmatig *ger*-tenten in de sneeuwvlakten liggen, en als we in de vroege middag de Mongoolse hoofdstad Ulaanbaatar binnenrijden, blijkt die voor het grootste deel uit *ger*s te bestaan. Bijna de helft van de inwoners leeft nog in tenten.

Hoewel de meeste *ger*s in Ulaanbaatar elektriciteit hebben, is er geen stromend water, en ik zie dan ook talloze kinderen enorme watervaten op karretjes voortduwen. Ze zijn warm ingepakt en stappen in stevige, leren laarzen door de straten, die met een dikke laag ijs bedekt zijn.

Ondanks de kou worden de meeste passagiers op het perron opgewacht. Familieleden vallen elkaar in de armen en handen worden geschud. Een paar minuten nadat we zijn aangekomen is het perron weer leeg en is iedereen de warme stations-

Ger in Arkhangai, met zonnepaneel en satellietschotel (CIRCA /
Tj. Halbertsma).

hal ingesneld of op weg naar huis. Het stadsleven van Ulaanbaatar speelt zich in de winter binnenshuis af. Alleen de ba-
gagekruiers zijn buiten met hun karren in de weer; hun adem
drijft in grote, witte wolken achter hen aan.

Ulaanbaatar ligt op bijna 1400 meter hoogte en is door het
extreme landklimaat de koudste hoofdstad ter wereld. Bovendien is de winter van 1999 ook nog eens de koudste winter
sinds mensenheugenis. Het vriest die dag bijna dertig graden
en toch is het nog maar het begin van de winter.

Het is een jonge stad, die pas in de twintigste eeuw uit de

grond werd gestampt. Voordien was de hoofdstad niet meer dan een tentenkamp rond een grote vilten *ger* die als boeddhistisch klooster diende en de stad haar naam gaf: *Ikh Khuree khot* ofwel 'grote kloosterstad'. Ulaanbaatar ligt tussen verschillende werelden en taalgebieden en de Stad van het Grote Klooster was dan ook onder een veelvoud van namen bekend, die alle naar de centrale kloostertent verwezen; Tibetanen noemden de stad Chonmo, de Chinezen Kunlun, de Europeanen Kuren en de Russen Urga. Pas in 1837 werd er in Ulaanbaatar een stenen klooster gebouwd, waarin vervolgens de

Gandan-klooster (CIRCA / Tj. Halbertsma).

Bogd Gegeen zetelde, het gereïncarneerde hoofd van de Mongoolse boeddhisten. De stad werd echter bestuurd door een *ambar*, een Chinese regent. In 1911 werd de laatste keizer van China van de troon gestoten, waarna de Mongoolse Bogd Gegeen de onafhankelijkheid van Mongolië uitriep en zelf de koningstitel Bogd Khan aannam.

De nieuwe Bogd Khan, die als achtste incarnatie van een belangrijke grondlegger van het Mongools boeddhisme de geweldige naam Javzandamba Agvaanluvsanchoyjindanzanvaanchigbalsambuu had gekregen, was in alle opzichten een extravagant heerser. Hij zou de geschiedenis ingaan als een fervent liefhebber van drank en vrouwen en uiteindelijk als gevolg van syfilis blind sterven.

Vanuit het raam van mijn hotelkamer in Ulaanbaatar kan ik het winterpaleis van de Bogd Khan aan de voet van de heilige Bogd Khan-bergen zien liggen. De groene daken zijn met sneeuw bedekt en de paden tussen de tempels en kloostergebouwen liggen, net als de rest van Ulaanbaatar, onder een dikke laag ijs.

Het paleis zelf ligt aan de rand van het kloostercomplex en is een eenvoudig houten huis van twee verdiepingen, dat nu als museum dient. Binnen kom je in de wonderlijke en exotische wereld waarmee de Bogd Khan zich vermaakte. Er staat een opgezette leeuw met glazen ogen tussen opvliegende zeemeeuwen, en een gedrongen giraffe, waarvan de nek is ingekort zodat het dier onder het lage plafond past. Loodzware kledingstukken van gouddraad en een complete *ger* van ruim 150 sneeuwluipaardhuiden getuigen van de rijkdommen van deze laatste khan van Mongolië, die in 1924 stierf.

Het rijk dat hij achterliet had zich inmiddels in de socialistische revolutie gestort en de nieuwe heersers zouden niet alleen de zoektocht naar zijn incarnatie verbieden, maar ook de Grote Kloosterstad een nieuwe naam geven: Ulaanbaatar, Mongools voor 'rode held'. De bewuste Rode Held was mogelijk Sukhbaatar, die als vader van de natie vereerd wordt. Na de Mongoolse onafhankelijkheidsverklaring van 1911 viel Mongolië opnieuw in de handen van een Chinese krijgsheer, en de toen 26-jarige Sukhbaatar richtte met een aantal andere revolutionairen een geheim verbond van nationalisten op dat zich ten doel stelde Mongolië voor eens en voor altijd van zijn buitenlandse overheersers te bevrijden. De Mongoolse vrijheidsstrijders noemden hun verbond de Mongoolse Volkspartij (MPP), maar nadat de nationalisten contact met de Russische bolsjewieken hadden gezocht, werd de nieuwe partij omgedoopt tot Mongoolse Revolutionaire Volkspartij (MPRP); Mongolië was hard op weg om – na Rusland – de tweede communistische staat in de wereld te worden.

In 1923 kwam Sukhbaatar om het leven, waarschijnlijk door vergiftiging, en een jaar later werd de Mongoolse Volksrepubliek uitgeroepen en de hoofdstad herdoopt tot Ulaanbaatar. Mongolië had zich van China weten te bevrijden, om vervolgens in de armen van de sovjets terecht te komen, die het land tot 1990 vanuit het Kremlin zouden dirigeren. De MPRP regeerde Mongolië bijna zeventig jaar lang – de langste alleenheerschappij van een politieke partij in de moderne geschiedenis –, totdat in 1990 het stadsplein vol demonstranten stroomde die een meerpartijenstelsel eisten. Het was hartje winter, maar ondanks de kou besloot een aantal van hen op het plein te blijven bivakkeren en in hongerstaking te gaan. In een geweldloze en door de buitenwereld vrijwel onopgemerkte revolutie werden achtereenvolgens het eenpartijstelsel ontbonden, de constitutie gewijzigd en vrije verkiezingen uitgeschreven.

In de jaren die volgden stortte Mongolië zich in de meest dramatische omwentelingen, hervormingen en experimenten van de voormalige communistische staten en het Oostblok. Tientallen politieke partijen registreerden zich, honderden nieuwe kranten werden gepubliceerd en iedere Mongoolse burger kreeg een pakket aandelen toen grote delen van het staatseigendom in een paar maanden tijd geprivatiseerd werden. Gedurende een korte periode was Mongolië een van de vrijste economieën op aarde, totdat de economie in elkaar stortte, mede doordat de Centrale Bank van Mongolië op de Amerikaanse beurs haar goudreserves verspeelde. Zoals overal in de voormalige communistische staten en Oostbloklanden werd een klein aantal inwoners van het nieuwe Mongolië schatrijk, terwijl het merendeel van de bevolking alleen maar armer werd.

In 1996 werd de MPRP bij de parlementsverkiezingen door een coalitie van nieuwe partijen verslagen, maar in de regeringsperiode die volgde vielen er vier kabinetten, werden er evenveel premiers benoemd en werd één kandidaat-premier zelfs vermoord. Mongolië was een democratie geworden waar iedere mening een partij had en ieder partijlid een mening.

Twee jaar later, in 1998, ontmoette ik in Washington Nambar Enkhbayar, de nieuwe partijleider van de MPRP, die een jonge factie in een oude partij vertegenwoordigde. Met de verkiezingen van 2000 in het vooruitzicht was hij naar een buitenlandadviseur op zoek. In de maanden erna spraken we elkaar tijdens zijn regelmatige bezoeken aan Engeland, en toen ik hem vervolgens in Mongolië opzocht informeerde hij tijdens een traditionele worstelwedstrijd in het stadion van Ulaanbaatar of ik nog geïnteresseerd was. De worstelaars stonden in hun Mongoolse pakken in elkaars armen vergrendeld,

Fietsers op Sukhbaatar-plein, omstreeks 1950 (© NMMH).

terwijl hun secondanten, gekleed in traditionele kostuums, hen aanmoedigden. Na een urenlange wedstrijd danste de winnaar theatraal rond de Mongoolse vlag, met zijn armen als adelaarsvleugels uitgestrekt en op zijn hoofd een Mongools hoedje met een gouden spies.

Op de zondagmorgen na mijn aankomst in Ulaanbaatar wandel ik over het stadsplein naar het MPRP-gebouw om Enkhbayar te bezoeken. Op het plein staat een standbeeld van de revolutionair Sukhbaatar, waarnaar het vernoemd is. Dagelijks laten herders uit de provincie, afgestudeerde studenten en gehuwde stelletjes zich voor het beeld fotograferen. Ondanks de kou staat er ook die morgen een fotograaf en omdat het een grauwe dag is heeft hij twee voorbijgangers gevraagd een lap lichtblauwe stof achter zijn klanten omhoog te houden, zodat die toch tegen een staalblauwe hemel geportretteerd kunnen worden.

Als ik het MPRP-gebouw binnenstap, ruik ik de penetrante geur van *khushuur*, de Mongoolse vleespannenkoeken. Ik wandel door de *khushuur*-walmen de trappen op naar de receptie. De muren van het trappenhuis zijn behangen met gemarmerd papier en ook de oranje trappenloper blijkt op de traptreden te zijn geschilderd. De meeste kantoren zijn gesloten en het eerste dat me opvalt is dat vrijwel alle deuren in het gebouw verzegeld zijn. De zegels op de deuren naar Enkhbayars kantoor zijn echter verbroken en de wachtkamer zit vol herders en mannen met rijen medailles op de borst. De secretaris van Enkhbayar klopt zachtjes op de kantoordeur van zijn baas om me vervolgens binnen te laten. Binnen zit Enkhbayar achter een lange tafel met daarop twee schaaltjes met snoepjes en biscuit. Hij vraagt hoe de reis was en is verbaasd te horen dat ik met de trein vanuit China ben gekomen en niet het vliegtuig heb genomen.

'Hoe was het in de Gobi? Had je genoeg warme kleren bij je?' informeert hij. 'In de steppe moet de ergste kou nog komen.'

Enkhbayar gebruikt als vrijwel alle Mongolen slechts zijn voornaam, omdat hij geen achternaam heeft. In plaats daarvan werd zijn vaders voornaam Nambar aan zijn naam toegevoegd, zoals hij op zijn beurt de naam Enkhbayar aan zijn vier kinderen heeft gegeven. Dit systeem brengt met zich mee dat de familienamen iedere generatie veranderen, zodat het in Mongolië erg ingewikkeld is om te traceren wie van wie afstamt. Na 1990 gingen de Mongolen op zoek naar de oude clannamen die onder de vroege MPRP- en sovjetinvloed verbo-

Notabelen wier achternamen in de vroege jaren van de Mongoolse
Volksrepubliek afgeschaft werden; omstreeks 1925 (© NMMH).

den waren, zijnde het product van een feodale samenleving.
Wie zijn oorspronkelijke familienaam niet kon terugvinden,
moest een nieuwe naam kiezen. Zo heeft de enige astronaut
van Mongolië, die in maart 1981 in een Russische Sojoez 39 de
ruimte in werd geschoten, de nieuwe familienaam Sansar,
'Kosmos', gekozen.

Na de begroeting loopt Enkhbayar naar zijn bureau, waar
twee vlaggen staan opgesteld: de nationale vlag van Mongolië
en de nieuwe vlag van de MPRP. 'We hebben een nieuw logo

voor de partij,' zegt hij, en hij legt me de symboliek op de vlag uit. In het hart staat een yin-en-yangsymbool met daaromheen de socialistische roos, die ook in het logo van de PvdA gebruikt wordt.

In 1990 deed de MPRP in de partijstatuten afstand van het communisme. Iedereen verwachtte dat de partij haar naam zou veranderen, zoals veel andere voormalige communistische partijen in het Oostblok hadden gedaan na het uiteenvallen van de Sovjet-Unie. Ik vraag Enkhbayar wat er terecht is gekomen van de discussie om de naam van de MPRP te wijzigen. De officiële naam van de Mongoolse Volksrepubliek werd immers na 1990 in 'Mongolië' veranderd.

'Alle goede namen voor politieke partijen zijn al in gebruik,' zegt hij en schiet in de lach.

Later zoek ik de namen van nieuwe Mongoolse partijen op en ik sta versteld: er zijn meer politieke partijen dan de eenentwintig provincies van Mongolië. Na tien jaar democratie bestaan er nu naast de MPRP een Mongoolse Democratische Partij, een Mongoolse Nationale Democratische Partij, een Mongoolse Sociaal-Democratische Partij, een Mongoolse Democratische Partij voor Vernieuwing, een Mongoolse Nationale Partij voor Vooruitgang, een Mongoolse Arbeiderspartij, een Mongoolse Kapitalistische Partij, een Mongoolse Boeddhistische Partij, een Mongoolse Onafhankelijkheidspartij, een Mongoolse Renaissancepartij, een Mongoolse Republikeinse Partij, een Mongoolse Herders-en-Boerenpartij, een Mongoolse Erfgoedpartij en de Mongoolse Bourgeoisiepartij – afgekort MDP, MNDP, MSDP, MDPV, MNPV, MAP, MKP, MBP, MOP, MRP, MHBP, MBP, MEP, MBP, enzovoort. En dat is nog maar een selectie van de partijen die met de letter M beginnen...

Een gisse politicus heeft al in 1991 de naam Mongoolse

Volkspartij (MPP) – zoals de MPRP oorspronkelijk heette, voordat de partij in 1924 het communisme aannam – geregistreerd. Het lijkt inderdaad moeilijk om een nieuwe en nog ongebruikte partijnaam te bedenken met 'Mongolië', 'democratie' en 'socialisme' erin, maar dat is natuurlijk niet de reden dat de partij haar oorspronkelijke naam heeft gehouden. De MPRP denkt de stemmen van herders in de steppe te verliezen als haar naam veranderd wordt.

Daarnaast is er nog een ander dilemma. Veel van de voorzitters van de grote nieuwe partijen waren ooit partijlid van de MPRP, zoals vrijwel alle vooraanstaande politici, specialisten en bestuurders in Mongolië. Ook Enkhbayar heeft zijn MPRP-lidmaatschap vóór 1990 gekregen, hoewel hij de eerste keer voor het partijlidmaatschap werd afgewezen.

'In 1990 kregen we allemaal de kans om nieuwe partijen op te richten en was het voor velen de vraag: blijf je in de MPRP of stap je eruit,' vervolgt hij. 'Veel mensen werden lid van deze partij, niet omdat zij communisten waren of deel wilden uitmaken van een totalitair regime, maar eenvoudigweg omdat zij zonder het lidmaatschap hun beroep als arts, leraar of ingenieur niet konden uitoefenen.'

Enkhbayar zegt de partij van extreem links naar centrumlinks te hebben gebracht en het partijlidmaatschap van Socialists International te hebben aangevraagd, de organisatie waarvan ook New Labour, PvdA en andere socialistische partijen lid zijn. 'De Partij vernietigen was in 1990 verleidelijk, maar nu hebben we een kans om de MPRP van binnenuit te veranderen.'

Enkhbayar wordt aan de vooravond van de verkiezingen in 2000 inderdaad als een hervormer binnen de MPRP gezien, maar binnen de partij is er ook een factie van 'oude denkers',

Sukhbaatar nadat de MPR het communisme had omarmd; omstreeks 1920 (© NMMH).

zoals de hard-core-communisten in de straten van Ulaanbaatar genoemd worden.

Het is precies het dilemma waar ik al maanden mee rondloop. Ik heb Enkhbayar in de Verenigde Staten en Engeland leren kennen als een hartelijke en gedreven man, maar dit is zijn *khashaa* waar hij voorzitter is van een partij die een totalitaire geschiedenis heeft en die uit nieuwe, maar ook oude facties bestaat.

Ik spreek Engels met Enkhbayar, die aanvankelijk in Moskou

literatuur studeerde, maar in 1986 naar de universiteit van Leeds ging, waar hij onder meer verhalen van Charles Dickens en Aldous Huxley in het Mongools vertaalde.

'Toen ik voor het eerst in Engeland aankwam weigerde de douane me toe te laten,' vertelt hij. 'Ze zeiden dat Mongolië geen land was en dat mijn paspoort dus onzin was. Ik heb hun gevraagd het in een atlas op te zoeken.' Pas toen Mongolië wel degelijk bleek te bestaan, mocht hij het land in.

Hij kan er smakelijk om lachen – vier jaar duurde het voor hij van de Mongoolse autoriteiten toestemming kreeg het land te verlaten om in Engeland te gaan studeren, en bijna was hij teruggestuurd door een douanier die zijn land als 'imaginair' beschouwde.

'Maar het zette me wel aan het denken,' zegt hij, 'over wat het betekent als de rest van de wereld denkt dat je er niet bent. Besta je dan wel?'

Enkhbayar is boeddhist. Toen ik hem de eerste keer in Washington ontmoette, sprak hij op een conferentie van de Wereldbank over karma en over de vraag of een land als geheel karma kan hebben. Iedereen stond versteld van deze vraag, maar voor Enkhbayar was die vanzelfsprekend, en ook zijn eerste ontmoeting met Engeland wordt gerelateerd aan het beeld: 'Als de wereld niet weet dat Mongolië bestaat, is het land er dan wel?' vroeg hij zich voor het panel van verbijsterde economen af.

Enkhbayar is de douanier aan de Engelse grens niet vergeten, en hij is zich terdege bewust van het feit dat maar weinig buitenlanders iets van Mongolië weten, terwijl het land juist nu na het wegvallen van alle sovjetsteun en de COMECON (het programma voor economische ondersteuning tussen de Oostbloklanden) meer dan ooit van de buitenwereld afhankelijk is geworden.

We spreken af dat ik in de maanden voor de parlementsverkiezingen met zijn campagneteam zal meereizen, hem op de hoogte zal houden van de buitenlandse berichtgeving over Mongolië en een reeks informele lunches zal organiseren waarbij de ambassades en buitenlandse hulporganisaties de kandidaat-premier kunnen ontmoeten.

'Probeer zo veel mogelijk mensen te spreken en zo veel mogelijk van Mongolië te zien,' zegt hij als we afscheid nemen. 'Dan begrijp je onze kansen beter.'

Het was een aanmoediging die zich niet liet negeren. De stad Ulaanbaatar is uiteindelijk niet meer dan een speldenprik op de Mongoolse kaart – een eilandje in een onafzienbare zee van land – en iedere reis in dit steppeland is al bij aanvang een ontdekkingstocht.

De meeste ballonnen

'Call me a sceptic, but it cannot be a good thing
that the leader of the free world is chosen on the basis of
who has the most balloons.'
John O'Farrel, *Global Village Idiot* (2001)

In februari 2000 vliegen we voor de eerste verkiezingscampagne van Enkhbayar naar de Gobi-woestijn. Het campagnevliegtuig is een Russische Antonov 24 met grote propellers, geleend van een Mongoolse zakenman. Op de neus van het vliegtuig is het skelet van een dinosaurus geschilderd en binnen hangen blauwe gordijntjes voor ronde patrijspoorten met bolle ruitjes.

Behalve de politici en campagnestaf zijn er ook een showteam van danseresjes, een popbandje en een basketballteam aan boord die de herders in de Gobi moeten overhalen op de MPRP te stemmen. De basketballers passen maar nauwelijks in de vliegtuigstoelen van het verouderde toestel. Hun benen steken het gangpad in en telkens als iemand erover struikelt, worden er handen geschud, zoals in Mongolië gebruikelijk is als je op de tenen van een wildvreemde gaat staan.

Het campagnevliegtuig brengt ons met tussenstops naar de provincie Khovd, waar het ons na een week weer zal oppikken. Tien dagen lang zullen we per dag twee of drie plaatsen in Zuid- en West-Mongolië aandoen. Het programma is moordend vanwege de erbarmelijke wegen en lange afstanden, die voornamelijk in Russische jeeps zullen worden afgelegd. De politici hebben hun komst van tevoren via de radio aangekondigd en hopen nu dat mond-tot-mondreclame de rest heeft gedaan, zodat de kiezers naar de bijeenkomsten zullen stromen. De opzet is eenvoudig: de herders krijgen de kans de politici aan de tand te voelen, waarna de basketballers, bandjes en danseresjes de massa's zullen vermaken.

De eerste stop die we maken is Dalandzadgad, de hoofdstad van de provincie Ömnögov aan de Chinese grens. Als bij de landing de wielen uit de vleugels klappen, zie ik door het ronde vliegtuigraampje dat de banden tot op het canvas versleten zijn. De piloot zet het toestel met precisie aan de grond, maar de landing veroorzaakt een hels kabaal. Stenen en woestijngrint van de Gobi slaan tegen de gedeukte onderkant van het toestel en het woestijnzand stuift in grote wolken op. Zoals vrijwel alle lokale vliegvelden in Mongolië heeft Dalandzadgad een onverharde landingsbaan, waarvan alleen de grootste keien zijn verwijderd. De rest is zand, kiezels en sneeuw.

Als het vliegtuig stilstaat, wordt er een aluminium laddertje naar buiten geduwd en stappen we de woestijn in, waar een rij schoolkinderen in uniform langs de startbaan staat te wachten. Ondanks de winterzon is het koud. Een rode loper ligt in het Gobi-stof te klapperen en een meisje in een witkanten jurkje overhandigt Enkhbayar een bosje gele tulpen in cellofaanpapier met een grote rode strik. Tulpen in de winter en dan ook nog eens in de Gobi-woestijn? Dan zie ik dat het plastic bloemen zijn. Enkhbayar geeft de tulpen aan zijn secretaris en krijgt vervolgens een zilveren kom met *airag*, licht gefermenteerde paardenmelk, aangereikt. Na een slok wordt de kom doorgegeven aan de andere politici en gasten. Uiteindelijk komt de kom bij mij terecht. Er hebben dan zo'n zeven man van gedronken en ik ben verbaasd dat er nog iets in zit. De paardenmelk smaakt zuur maar niet onplezierig, en nadat ik gedronken heb vult een man met een plastic jerrycan de kom weer bij. Al in de dertiende eeuw werd de drank door een Vlaamse franciscaner monnik in Mongolië als volgt beschreven: 'Het prikt op de tong, maar laat daarna een melksmaak van amandelen achter. Het veroorzaakt dronkenschap en een grote drang tot urineren.'

'Goede *airag*,' zegt de secretaris van Enkhbayar en hij wenkt de man met de jerrycan voor nog een kom.

Vervolgens stappen we in een colonne van Russische jeeps en busjes en rijden we Dalandzadgad binnen, waar een groep kiezers zich in het theater verzameld heeft. Dalandzadgad ligt in het midden van de Gobi-woestijn, in een gebied waar voornamelijk kamelen worden gehouden. Overal sjokken de dieren door de straten – op het stadsplein staat zelfs een betonnen kameel op een sokkel. Achter het kamelenstandbeeld ligt het theater waar de verkiezingsbijeenkomst zal worden gehouden, en de politici stappen door een zij-ingang het gebouw binnen. In het trappenhuis van het theater hangt een enorm mozaïek met de beeltenis van Lenin, die zijn hand vaderlijk op de schouder van Sukhbaatar heeft gelegd en hem met de andere hand de koers van het communisme wijst. Aan weerszijden van het fresco staan de deuren wijd open en uit de zaal klinkt geroezemoes.

De zaal is afgeladen met herdersfamilies, het ruikt er onmiskenbaar naar schapenvet en houtvuur. De mannen en vrouwen zijn vrijwel allemaal in hun beste *deel* gekleed, het traditionele Mongoolse kledingstuk, dat uit een dikke pij met lange mouwen bestaat die rond het middel met een kleurige reep stof bij elkaar wordt gebonden. Ook dragen ze leren laarzen die met een dik, kleurig stiksel versierd zijn en waarvan de spitse neuzen omhoogkrullen. Er is geen verwarming, de zaal is dan ook ijskoud. De mannen dragen bontmutsen en hebben de handen diep in de mouwen van hun *deel* getrokken tegen de kou.

De menigte begint ritmisch te klappen, de politici stappen het toneel op en nemen plaats op een rij stoelen. Enkhbayar houdt een korte inleiding, waarin hij de mannen en vrouwen in de zaal uitnodigt vragen te stellen. Hij is nog maar nauwelijks uitgesproken of er springt al een man op. Het blijkt een bestuurslid van een andere politieke partij te zijn. Een aantal herders begint te joelen en 'boe' te roepen als hij de menigte herinnert aan de verschrikkingen van het MPRP-bewind en het feit dat er nog altijd massagraven worden gevonden uit de communistische periode. Sommige bezoekers knikken instemmend en beginnen te klappen. Binnen de kortste keren komen verschillende mannen in de zaal overeind en schreeuwen allen verhit door elkaar.

Vanuit de zaal zie ik Enkhbayar naar de microfoon reiken. 'De MPRP heeft de macht in 1990 zonder geweld en zonder het leger in te roepen uit handen gegeven en vrije verkiezingen uitgeschreven,' zegt hij. 'Daarnaast werden er in de MPRP-periode scholen, ziekenhuizen en huizen gebouwd. En ook steden. Maar het belangrijkste is dat Mongolië onder de MPRP onafhankelijk bleef en nu, tien jaar na het uiteenvallen van de Sovjet-Unie, nog altijd een vrij land is.'

Het is een moeilijke discussie, maar er zit een grond van waarheid in. Vrijwel alle Centraal-Aziatische volkeren werden in de twintigste eeuw door twee grootmachten opgeslokt – de Kazakken, Turkmenen, Uzbeken, Kirgiezen en Kalmukken door Rusland; de Uiguren, Dzungaren, Binnen-Mongolen en Mantsjoes door China. Een aantal van deze volkeren wist zijn onafhankelijkheid na het uiteenvallen van de Sovjet-Unie in

1991 te herwinnen, maar het merendeel van de voormalige sovjetrepublieken van Centraal-Azië is langzaam maar zeker onder de vlag van democratie opnieuw naar een dictatorschap afgegleden.

In augustus 2002 bijvoorbeeld liet de Turkmeense president Niyazov zich voor het leven benoemen onder de titel van *Turkmenbasji*, 'vader der Turkmenen', nadat hij eerder zijn dichtbundel tot verplichte kost voor zijn onderdanen had uitgeroepen. In zijn onmetelijke grootheid gaf hij de maanden van het jaar nieuwe namen. Zo vernoemde hij april naar zijn moeder en januari – per slot van rekening de eerste maand – naar zichzelf.

De herders in de zaal reageren en discussiëren, en vier uur lang worden er vragen gesteld. Zowel mannen als vrouwen nemen het woord en staan zelfverzekerd te spreken. Sommigen nemen gedecideerd opnieuw het woord als ze vinden dat ze geen antwoord op hun vragen hebben gekregen. De vragen betreffen uiteenlopende zaken, zoals de wijdverbreide corruptie in Mongolië, de schoolverwarming die al maanden stuk is, en de prijsstijgingen die na 1990 plaatsvonden. Ik zit naast een Mongoolse tolk die simultaan de vragen vertaalt en ze in het Engels in mijn oor fluistert. Soms schiet ze bij het horen van de vragen in de lach.

'Hoeveel communisten zijn er eigenlijk nog in Mongolië?' vraagt een oude herder na een discussie over het verleden van de MPRP.

Het is een indrukwekkend vertoon van betrokkenheid en na verloop van tijd zijn er zoveel vragen, dat de herders ze op een papiertje schrijven en die door hun kinderen naar voren laten brengen. Ondanks de lange duur van de bijeenkomst zie ik niemand de zaal verlaten; de meeste bezoekers kunnen er niet genoeg van krijgen.

Aan het einde van de middag wordt een aantal MPRP-leden gehuldigd, voornamelijk omdat ze al lang lid zijn – het grote dilemma van Enkhbayar, die zich als een vernieuwer wil presenteren, maar wel aan het hoofd van een oude partij staat en de invloedrijke oudgedienden daarin niet tegen zich in het harnas wil jagen.

De namen van de ereleden worden een voor een opgelezen, waarna ze een handdruk en oorkonde krijgen. Een oude baas met kromme benen van het paardrijden en een borst vol medailles wordt het toneel op geholpen en krijgt een certificaat en een pak geperste thee uitgereikt. In sovjetstijl geeft hij Enkhbayar twee kussen op de wangen en er klinkt gelach uit de zaal als de man vraagt of hij de thee niet voor een medaille kan omruilen.

In de namiddag verhuist het gezelschap naar de sportzaal van Dalandzadgad, waar het basketbal-showteam optreedt. Enkhbayar, die ooit in het nationaal jeugdteam van Mongolië heeft gespeeld, gooit een balletje mee, maar wordt meestal afgetroefd door de popsterren van de Mongoolse band Camerton, die in camouflagepakken en met geblondeerd haar het veld op zijn gekomen om mee te spelen. In Dalandzadgad is het echter de Mongoolse basketballer Sharav die de show steelt. Hij is twee meter vijftien lang en de ster van het Mongoolse basketbalteam. Na afloop van het evenement zet hij handtekeningen op petjes en de ontblote bovenarmen van zijn fans die giechelend met hem op de foto willen.

Bijna twee jaar later zal ik Sharav opnieuw tegenkomen – in een vliegtuig op weg naar Amerika, waar hij een contract heeft getekend met de Harlem Globetrotters. 'Daarna ga ik met een eigen partij de politiek in,' zegt hij dan.

In de vroege avond vliegen we naar Khovd in het westen van

Mongolië en dan rijden we vanaf het vliegveld in een konvooi van Russische jeeps naar een legerbasis waar we zullen overnachten. Het is half twee 's nachts als we de basis bereiken en twee soldaten de poorten openduwen. De barakken staan haveloos in de gierende wind en een Mongoolse vlag klappert aan een vlaggenstok op de binnenplaats. Binnen is het even koud als buiten. Tot overmaat van ramp zijn mijn bagage en slaapzak onderweg zoekgeraakt en heb ik alleen de kleren bij me die ik aan heb. Ik hou alles aan als ik in het bed ga liggen, inclusief de stropdas, waarvan ik me verbeeld dat die de warme lucht bij mijn boord binnenhoudt.

Ik deel de kamer met Enkhbayar, het parlementslid Dembrel en de secretaris van Enkhbayar, die later in de nacht zijn wollen jas over mijn bed komt leggen.

De volgende morgen schalt er een trompet op de binnenplaats ten teken dat het tijd is om op te staan. Enkhbayar is al uit de veren en Dembrel staat zich te scheren. Er is geen elektriciteit en de man knijpt, als bij een knijpkat, in de hendel van zijn mechanische scheerapparaat, waarna er een vliegwiel aan de scheerkop begint te draaien.

Het is zeven uur en ijskoud, maar op de ontbijttafel staan een fles Johnny Walker en een fles Genghis-wodka. Een commandant van de basis brengt de onvermijdelijke toast uit en ik kan de wodka in mijn slokdarm voelen branden.

Meteen na het ontbijt klimmen we in de jeeps en rijden we naar het westen van de provincie. Later probeer ik de legerbasis op de kaart terug te vinden, maar zoals bij alle militaire installaties in Mongolië is die op geen enkele kaart weergegeven. Duidelijk is dat de basis ver van de bewoonde wereld ligt, want we rijden de hele dag naar een dorp waar opnieuw een groep herders in een zaaltje zit te wachten.

In de daaropvolgende dagen trekken we van zaaltje naar zaaltje. De dorpen liggen steeds verder uit elkaar en de groepen kiezers in de theaterzaaltjes worden steeds kleiner. Langzaam maar zeker raken we in een van de meest afgelegen uithoeken van Mongolië verzeild. Per vierkante kilometer is er in het westen van Mongolië gemiddeld slechts één persoon te vinden – in Nederland ligt dat gemiddelde op bijna vijfhonderd inwoners. Het landschap is ruig en onherbergzaam, wegen zijn er allang niet meer. We stuiteren over rotspaden of rijden over bevroren rivieren, en als we een ander voertuig tegenkomen is dat een evenement en wordt er gestopt en gevraagd of we nog in de goede richting rijden en waar het volgende dorp te vinden is. Het is zo koud dat de meeste automobilisten de huid van een paard of koe over de neus van hun jeep gespannen hebben om de motor warm te houden.

Op de laatste dag zijn er zelfs nauwelijks meer sporen van mensen in het landschap te bekennen. Na een rit van zes uur stoppen we bij een zaaltje dat naast een handjevol huizen en *ger*-tenten is gebouwd. Rond het gehucht liggen de uitlopers van de Altai-bergen en het eindeloze woestijnland van Centraal-Azië.

Het is half twaalf 's nachts en we zijn ruim drie uur te laat, maar het zaaltje zit ondanks het late uur toch nog vol. Het is een eenvoudig zaaltje zonder verwarming, en de kiezers – bij elkaar zo'n vijftig man – zitten op ruwe banken samengeperst. De meeste mannen en vrouwen zijn Kazakken en dragen bontmutsen op het hoofd of dikke wollen hoofddoeken. Buiten staat een dieselgenerator die twee peertjes in het plafond van elektriciteit voorziet.

Enkhbayar maakt zich echter geen zorgen. 'Het gebied is zo dunbevolkt dat iedereen iedereen kent en het nieuws snel van mond tot mond verspreid wordt,' zegt hij. 'Als je hier voor vijftig man spreekt, bereik je uiteindelijk een veelvoud daarvan.'

Om twee uur 's nachts, na ruim twee uur van vragen en antwoorden, stroomt het zaaltje leeg en verdwijnen de Kazakken in de nacht. We staan onder een gitzwarte hemel met heldere sterren en in de bergen hoor ik een hond blaffen. Nergens valt een lichtje te bekennen, we zitten op ruim veertienhonderd kilometer van de hoofdstad.

De meeste mensen die we die avond hebben gezien, zijn nooit in Ulaanbaatar geweest en zullen de Mongoolse hoofdstad waarschijnlijk ook nooit bezoeken. Veertienhonderd kilometer is een reis van bijna een maand voor een herder te paard; zelfs per jeep duurt de tocht algauw een week.

'Als je vanuit de steppe in Ulaanbaatar terugkomt, lijkt het opeens een wereldstad,' zegt Enkhbayar, terwijl we opnieuw de jeeps inklimmen.

Terug in Ulaanbaatar doet de stad inderdaad aan als een metropool: de brede lanen met restaurants en bars hebben na ons bezoek aan de steppe plotseling een zekere grandeur gekregen, net als de zalmkleurige appartementenblokken – ondanks hun gehavende gevels.

Voor de laatste verkiezingscampagne rijden we naar Sukhbaatar, de provinciale hoofdstad van Selenge. Ook dit stadje is vernoemd naar de vrijheidsstrijder, evenals een provincie, een district en een staatsonderscheiding.

Sukhbaatar ligt aan de Russische grens op 626 meter hoogte en is daarmee het laagstgelegen stadje van Mongolië. Viermaal per week stopt de Trans-Mongolië Expres er en de grensovergang met Rusland is dichtbij. Desondanks is het een desolaat oord. De huizen en gebouwen zijn vervallen, de cementfabrie-

MPRP-propagandateam; omstreeks 1930 (© NMMH).

ken zijn na het opbreken van de Sovjet-Unie gesloten en in elkaar gestort. De straten zitten vol gaten en honden sjokken
door het stof dat opwaait als de MPRP-colonne met knipperen-
de lichten het stadje binnenrijdt. Terwijl in het theater de politici met vragen bestookt worden, stroomt het stadsplein vol
met kinderen en herders die naar Sukhbaatar zijn gekomen
om de verkiezingsshow te zien. Op het stadsplein zijn twee
vrachtwagens met de laadbakken tegen elkaar geparkeerd; zo
vormen ze een provisorisch podium.

Enorme boxen en gekleurde lampen zijn in de laadbakken
gezet en een man achter de microfoon laat iedereen schrikken
als hij de apparatuur test.

Om elf uur 's avonds begint de show met een optreden van de Mongoolse band Lipstick. Drie geblondeerde zangeressen benen in lila-met-roze pakken over het podium en gillen: 'Are you happy?'

'Ja!' brult de menigte herders.

'Stem MPRP!' gillen de Lipsticks, terwijl zij hun gitaren laten janken en er vuurpijlen de lucht in gaan.

Ook de boyband Camerton is weer ingehuurd. Het viertal klimt in camouflagepakken, zonnebrillen en zilveren sportschoenen het podium op. Voor aan het podium beginnen herdersmeisjes te gillen en worden er aanstekers boven hoofden

Enkhbayar (midden) op een podium in de laadbak van een vrachtwagen (CIRCA / Tj. Halbertsma)

gehouden. Op nog geen vijfhonderd meter afstand grazen de schapen.

Aan de rand van het plein heeft zich een groepje herders verzameld die vanaf hun paarden stoïcijns over de massa uitkijken. De ruiters zijn allemaal in een Mongoolse *deel* gekleed en zitten als gegoten in hun houten zadels. Af en toe geven ze hun paarden de sporen om het spektakel beter te kunnen zien of om een ijsje van een van de venters te kopen. Het zijn hun stemmen die de politici vanaf de vrachtwagens proberen te winnen; de gillende meisjes zijn nog veel te jong om te mogen stemmen.

De vier Camerton-bandleden staan wijdbeens in de laadbakken van de Russische vrachtwagens. Achter hen staan de politici in hun zwarte maatpakken minzaam te glimlachen of mee te klappen. Het is een heerlijk tafereel en op de eindeloze steppen van Mongolië is Sukhbaatar even het middelpunt van de wereld geworden. Het is de laatste campagne buiten Ulaanbaatar voordat er gestemd gaat worden.

In de week voor de verkiezingen kijk ik regelmatig naar de internationale persberichten en op een morgen zie ik tot mijn verbazing dat Reuters me de 'spindokter van de Blair van de Steppe' noemt. Ik heb een aantal van de interviews met Enkhbayar georganiseerd, maar slechts één journalist heeft gevraagd wat ik hier doe. Tegen de middag hebben andere internationale persbureaus het verhaal overgenomen en met tomeloze fantasie verfraaid.

'Enkhbayar draagt blauwe pakken van scherpe snit, begeeft zich onder popsterren, spreekt in goede *soundbites* en heeft zelfs een eigen spindokter,' rapporteert de BBC.

'De spindokter wijkt zelden van zijn zijde,' weet ABC News,

en *The Times* gaat zelfs zo ver te melden dat 'de spindokter toe-geeft alles van New Labour te hebben geleend'. De pers is de pers aan het 'spinnen'. Ik kan er hartelijk om lachen, en ook de Blair van de Steppe is geamuseerd.

De verkiezingen zijn na alle vuurwerk en rumoer van de campagnes een rustige aangelegenheid. Overal in de stad zijn stemkantoren geopend en op de steppe staan *gers* die als stem-lokaal dienstdoen. Het organiseren van verkiezingen is een ongelofelijke onderneming in Mongolië. De stembussen moe-ten over een enorm land worden verspreid, herders in de step-pe moeten uren rijden om bij een stembus te komen. De op-komst is voor westerse begrippen ongekend hoog, en de herders komen vaak in hun beste *deel* en op hun beste paard hun stem uitbrengen. Na het stemmen wordt de nagel van de wijsvinger met onuitwisbare inkt blauw gemaakt, zodat er maar één keer gestemd kan worden.

De verkiezingen worden door de Mongoolse autoriteiten en de internationale waarnemers vrij en eerlijk verklaard en uit-eindelijk loopt bijna negentig procent van de stemgerechtig-den met een blauwe nagel rond. Het wachten is nu op de uit-slagen.

De dag na de verkiezingen krijg ik om vijf uur 's morgens Enkhbayars secretaris aan de telefoon.

'We hebben gewonnen,' brult hij.

Enkhbayar heeft de meerderheid van de stemmen gekregen.

Ik versta door de krakende telefoon dat ze bij een voorlopige telling zeventien zetels hebben gewonnen, wat niet bijster veel is.

'Zeven*tig*, niet zeven*tien*!' brult de secretaris en door de tele-foon kan ik op de achtergrond de menigte in de kamer 'Zeven-tig, zeventig!' horen joelen.

Uiteindelijk blijkt de MPRP 72 zetels te hebben gewonnen. Het is een overdonderende verkiezingswinst, er zijn immers maar 76 zetels in het parlement te verdelen. De vier overige zetels zijn onder meer naar de zuster van een vermoorde kandidaat-premier gegaan en naar de eigenaar van *Hannibal*, de grootste stripclub van Mongolië, die hij aanbeveelt als de 'duurste bar in het land'.

In de dagen die volgen wordt alles anders. Plotseling zitten er bodyguards voor de deur van Enkhbayars appartement; zijn vrouw is naar het Gandan-klooster gegaan om de monniken te vragen wat volgens de maankalender een geschikte datum is om naar de ambtswoning te verhuizen. De meeste verkiezingsconsultants en -waarnemers verlaten Mongolië om zich in de chaos van de Amerikaanse verkiezingen te storten, en de internationale journalisten vliegen naar hun volgende verhaal. Alleen de blauwe inkt op de vingernagels blijft nog maanden zichtbaar.

Beeldenstorm

'But this is the question that disturbs me – if there is no God,
then who, one wonders, rules the life of man
and keeps the world in order?'
'Man rules himself,' said Bezdomny angrily in answer to
such an obviously absurd question.'
Mikhail Bulgakov, *The Master and Margarita* (1967;
vertaling Michael Glenny)

Tien jaar nadat de laatste sovjettroepen Mongolië hebben verlaten, dansen in de ISMUSS-bar in Oost-Ulaanbaatar de nieuwe rijken rond een kolossaal beeld van Stalin. Stalin staat in zes meter brons op de dansvloer en aan zijn voeten host een menigte Mongolen op muziek van Abba, Smokey en CC-Catch. De sovjetdictator is gereduceerd tot een attractie. 'No face, no name, no number' schalt Modern Talking uit de boxen, terwijl een glitterbal aan het plafond begint te draaien en rode laserbeams over Stalins gezicht strijken.

Het bronzen beeld van Stalin stond bijna een halve eeuw voor de Nationale Bibliotheek van Ulaanbaatar, totdat het in 1990 omver werd getrokken en door de eigenaar van de ISMUSS-bar werd gekocht, die het in de kelder van zijn discopaleis opstelde, zodat het niet door de vloer zou zakken. Het beeld van Lenin bleef daarentegen in Ulaanbaatar overeind staan, en zijn borstbeeld is, naast dat van Sukhbaatar, nog op vrijwel ieder stadsplein in Mongolië te vinden.

Maar wie de oorsprong van het moderne Mongolië wil zien, moet eigenlijk de revolutionaire beelden laten voor wat ze zijn en naar het Gandan-klooster in Oost-Ulaanbaatar gaan. Daar, in het hart van de Mongoolse natie, staat het beeld van Avalokitesvara, de Barmhartige. Toen in 1911 de Bogd Khan de

Een bronzen beeld van Stalin voor de Nationale Bibliotheek in Ulaanbaatar; omstreeks 1980 (© NMMH).

Mongoolse staat uitriep, plaatste hij het beeld in het Gandan-klooster als symbool voor de herwonnen onafhankelijkheid van Mongolië. Een tiental jaren later, toen Mongolië het communisme omarmde, werd echter een campagne gestart om de traditionele Mongoolse structuren te vernietigen en het land te russificeren. De Mongoolse achternamen werden afgeschaft, het prachtige Mongoolse schrift werd door het cyrillische vervangen en het boeddhisme werd door de atheïstische MPRP bloedig onderdrukt. Communistische propagandaposters uit deze periode laten afbeeldingen van wrede lama's zien die als reuzen in de steppen liggen en hun monden volproppen met herders die argeloos hun vee en karren vol giften naar de opengesperde monden rijden. Op andere posters is te zien hoe hoge lama's met de ene hand de offeranden van het volk aannemen, terwijl zij met de andere hun pij ophouden en als landverraders vrachten meel en graan naar de Japanse troepen doorspelen die in 1937 Binnen-Mongolië waren binnengevallen. Honderden kloostergemeenschappen werden in deze periode over de kling gejaagd; overal in Mongolië zijn nog de ruïnes te vinden van boeddhistische tempels die met de grond gelijk gemaakt werden.

Het Gandan-klooster bleef echter geopend, als bewijs dat communistisch Mongolië vrijheid van religie respecteerde, maar in werkelijkheid was het een monument geworden; er werd bijvoorbeeld een wet aangenomen dat kinderen het klooster niet mochten betreden. Tijdens het dieptepunt van de vervolgingen aan het eind van de jaren dertig werden de monniken van Gandan geëxecuteerd en uiteindelijk moest ook het enorme beeld van Avalokitesvara het ontgelden: in 1937 werd het afgebroken en naar Leningrad gebracht. Daar zouden er kogels van zijn gegoten om te gebruiken bij de strijd tegen nazi-Duitsland.

Toen Mongolië in 1990 zijn onafhankelijkheid van de sovjets herwon, begon een zoektocht naar het verdwenen beeld en de Mongoolse familienamen, en toen een deel van de nomaden hun oorspronkelijke achternaam niet meer bleek te kunnen traceren werd het des te belangrijker om het beeld van Avalokitesvara te vinden en terug naar Mongolië te brengen.

Op een maandagmorgen loop ik naar het Gandan-complex in het westen van Ulaanbaatar. Het klooster ligt majestueus op een heuvel, omringd door gers en houten huizen. Voor de kloosterpoort zitten waarzeggers met een kleedje waarop zij de gewrichtsbotjes van schapenpoten uitstrooien om de toekomst van hun klanten te voorspellen. Kinderen verkopen zakjes graan die devote boeddhisten aan de duiven in het klooster voeren, en fotografen met Russische camera's wachten op pelgrims en andere klanten. Een bruidspaar laat zich voor iedere schrijn en gebedsmolen door een van de fotografen vereeuwigen en koopt armen vol wierook van de venters die zich eromheen verdringen, totdat het paar zich uit de meute bevrijdt en naar de reusachtige tempelhal van Avalokitesvara snelt.

De witte tempelhal waar het beeld staat is een van de hoogste gebouwen van Ulaanbaatar – de muren wijken naar binnen, waardoor de tempel zelfs nog hoger lijkt. Om me heen stappen pelgrims met gevouwen handen over de hoge drempel de duisternis binnen. Binnen staat, tussen vier dikke boomstammen die het dak van de tempel stutten, een Avalokitesvara van maar liefst zesentwintig en een halve meter. In zijn kroon fonkelen ruim tweeduizend edelstenen en het bladgoud weerkaatst het licht van de kaarsen die aan zijn voeten branden. De meest devote pelgrims strekken zich uit op de grond en drukken het voorhoofd op de stenen vloertegels. Andere bezoekers lopen rond het beeld en laten hun bidkralen door de vingers glijden of staan met het hoofd in de nek om de top van het beeld te kunnen zien. Vanaf de muren kijken duizenden afbeeldingen van Boeddha op de bezoekers neer.

Zoals bij vrijwel alle boeddhistische beelden het geval is, is ook deze sculptuur gevuld met heilige teksten en objecten die de godheid tot leven moeten brengen. Binnen in het beeld zijn niet alleen stenen van heilige bergen, medicinale planten en soetrateksten te vinden, maar ook een *ger*, Mongoolse muziekinstrumenten en gereedschappen uit het dagelijks bestaan van de Mongolen.

Avalokitesvara wordt door Mongoolse boeddhisten Janraisig genoemd, maar kent in Azië een veelvoud aan verschijningen en benamingen. In China wordt hij onder de naam Guanyin regelmatig als een vrouwelijke godin vereerd, in Japan als Kannon, en de Dalai Lama van Tibet wordt historisch als een mannelijke incarnatie van Avalokitesvara beschouwd.

In Gandan is Avalokitesvara afgebeeld met een derde oog in het voorhoofd, dat in Mongolië 'het Oog van Wijsheid' wordt genoemd. Het beeld dat nu in Gandan staat is echter niet het oorspronkelijke beeld dat door de Bogd Khan in 1911 was opgericht en naar de Sovjet-Unie was gebracht, want in 1996 besloot een Mongoolse commissie een nieuw beeld te gieten. Enkhbayar stond aan het hoofd van die commissie.

Ruim een maand na de verkiezingen wordt Enkhbayar voor het premierschap voorgedragen en in een kleine ceremonie tot de eenentwintigste premier van Mongolië benoemd. Op de dag van Enkhbayars beëdiging loop ik met een aantal Mongoolse journalisten naar de derde etage van het Regeringspaleis aan het Sukhbaatar-plein, waar de huldiging zal plaatsvinden.

Secretarissen haasten zich met dossiers door de lange gangen en leden van het Protocol Departement begeleiden gasten die fluisterende gesprekken voeren. Dikke houten deuren leiden naar de *Ikh Khural* – het Mongoolse parlement –, de presidentiële ontvangstruimten en de vertrekken van het hoofd van de regering van Mongolië. In het trappenhuis staat een buste van Genghis Khan tegenover de negen banieren van de Mongoolse natie, en in de lange gang naar Enkhbayars nieuwe kantoor hangen de schilderijen van de partijleiders en premiers die Mongolië vanaf 1921 bestuurden. Het schilderij van de scheidende premier Amarjargal moet nog worden opgehangen.

In de ceremoniële ontvangstruimte overhandigt Amarjargal Enkhbayar het zegelstempel van de premier dat op alle ambtsstukken gedrukt wordt. In het zegel staat de *soyombo*, het boeddhistische symbool dat uit een yin-en-yangteken bestaat met afbeeldingen van zon, maan en vuur en waarop het vroege Mongoolse schrift is gebaseerd.

Amarjargal heeft de doos met het zegel in een *khadag* van blauwe zijde gewikkeld, het symbool voor respect dat oorspronkelijk uit het boeddhisme komt, waar *khadag*s aan hoge lama's worden overhandigd zoals dat in het Gandan-klooster nog regelmatig gebeurt. Enkhbayar krijgt de *khadag* om zijn hals gehangen en brengt de zegeldoos ten teken van respect naar zijn voorhoofd. De Mongoolse journalisten laten hun fototoestellen klikken en ik hoor het snorren van de zestien-millimetercamera van een filmmaker die nog celluloid gebruikt. Nadat de twee rivalen elkaar omhelsd hebben gooit een protocolofficier de deuren van de hal open en komen twee lakeien met bladen champagne naar binnen. De plechtigheid heeft nog geen tien minuten geduurd.

'Jullie hebben vrijwel alle zetels in het parlement gewonnen en zullen zonder een echte oppositie regeren,' zegt de scheidende premier in zijn afscheidsrede. 'Dat is een enorme verantwoordelijkheid. Handel wijs.'

De nieuwe premier van Mongolië is een man met een zeer opmerkelijke positie en achtergrond. Enkhbayar staat aan het hoofd van een partij die het boeddhisme ooit meedogenloos vervolgde, terwijl hijzelf een van de belangrijkste boeddhistische werken in het Mongools vertaalde. Het werk is een verzameling verhandelingen over het leven van Boeddha, maar bevat ook teksten en instructies voor zijn volgelingen. In een van de verhandelingen spreekt Boeddha direct tot de heerser van het koninkrijk en somt hij de zeven principes van barmhartig bestuur op.

Inmiddels hebben de monniken van Gandan een geschikte dag in de boeddhistische kalender gevonden voor Enkhbayars verhuizing naar de residentie van de premier. De residentie ligt met een aantal andere overheidsgebouwen diep in de Ikh Tenger-vallei van de heilige Bogd Khan-bergen ten zuiden van Ulaanbaatar. De vallei is vernoemd naar de Grote Hemel, Ikh Tenger, die in het Mongoolse sjamanisme en het latere boeddhisme vereerd wordt. Het is een prachtige plek, waar herten uit de bergen komen en ongestoord tussen de dennenbomen lopen.

In zijn residentie vraag ik de nieuwe premier Enkhbayar naar de betekenis van het Avalokitesvara-beeld in Gandan.

'Het Oog van Wijsheid van het Mongoolse volk, dat onder de Chinese overheersing tweehonderd jaar gesloten was geweest, werd met de oprichting van het beeld in 1911 geopend,' zegt hij, verwijzend naar het derde oog dat op het voorhoofd van Avalokitesvara is afgebeeld.

'Het beeld gedenkt dat de Mongolen in 1911 zichzelf konden zien, met hun eigen ogen, in plaats van door de ogen van hun overheersers. Eind jaren dertig werd het beeld in stukken gezaagd en naar de Sovjet-Unie overgebracht waar het gesmolten zou zijn ten behoeve van de strijd tegen nazi-Duitsland.'

Het is echter twijfelachtig of er inderdaad kogels van zijn gemaakt, en zelfs of het beeld wel te smelten was. Begin jaren negentig reisde Enkhbayar met een commissie naar Leningrad om het beeld te zoeken en terug naar Mongolië te brengen.

In Leningrad, waar tijdens de sovjetperiode een museum voor atheïsme had gestaan, bestudeerde de commissie de Russische archieven van het Bureau voor Religieuze Zaken. Vrijwel alle leden van de commissie beheersten Russisch en hadden onder de sovjets in Rusland gestudeerd.

'In de jaren zeventig studeerde ik er literatuur,' vertelt Enkhbayar, 'het was het dieptepunt van de sovjetstagnatie, maar in de faculteit voor literatuurwetenschappen gingen de meest interessante boeken rond, zoals *De meester en Margarita* van Bulgakov, dat pas jaren na zijn dood in Rusland legaal kon worden uitgegeven. Sommige boeken konden voor een dag geleend worden, andere maar voor een uur.'

Enkhbayar vertaalde er verhalen van Russische auteurs als Dostojevski, Tolstoj en Gogol, die hij profeten noemt die verder durfden te kijken dan gewone stervelingen.

'De Russische handboeken over het atheïsme waren met name interessant omdat ze uitstekende beschrijvingen van wereldreligies gaven, waaronder het Mongools boeddhisme,' vervolgt hij.

Daarnaast hadden de sovjets in 1917 in de Kazanski-kathedraal in Leningrad een Museum voor het Atheïsme opgericht, waar ook boeddhistische en sjamanistische objecten uit Mongolië waren verzameld. In 1990 werd de kathedraal opnieuw als kerk in gebruik genomen en werden de Mongoolse voorwerpen naar de Hermitage overgebracht.

'Na de val van de Sovjet-Unie bleken juist de atheïstische musea, opgericht om religie te vernietigen, onze religieuze wereld bewaard te hebben, zoals ook de boeken over het atheïsme uitstekende beschrijvingen van het Mongools boeddhisme gaven,' zegt Enkhbayar.

Hoewel in de archieven van het Sovjet Bureau voor Religieuze Zaken een brief werd gevonden waarin de curator van het Kazanski Museum voor Atheïsme informeert wat hij met 'het dertig meter hoge beeld moet doen', bleef het enorme beeld zelf spoorloos en bleken de Russische autoriteiten niet behulpzaam bij de zoektocht. Toen de speurtocht niets opleverde besloot de Mongoolse commissie een nieuw beeld te gieten.

'De symbolische waarde van het nieuwe beeld is hetzelfde als in 1911,' zegt Enkhbayar, 'het beeld heeft opnieuw het Oog van Wijsheid van de Mongolen geopend, in hun hernieuwde onafhankelijkheid, zodat zij zichzelf en hun toekomst kunnen zien.'

Maar er is een verschil, benadrukt hij. Terwijl het oorspronkelijke beeld in de Chinese kloosterstad Dolonor was gegoten, werd dit beeld in Mongolië gemaakt. 'Mongolië is daarmee eindelijk echt onafhankelijk geworden.'

In 1996 werd het beeld onthuld – het jaar waarin de MPRP de parlementsverkiezingen verloor en er een einde kwam aan ruim zeventig jaar MPRP alleenheerschappij. Desondanks is het verhaal van het beeld van Avalokitesvara nog altijd niet compleet.

Nadat de vroege MPRP de zoektocht naar en selectie van de negende Bogd Khan had verboden, werd er in 1932 in Tibet een jongetje geboren dat de naam Sonam Dargia kreeg. Vier jaar later werd het jongetje in het geheim als de incarnatie van de Bogd Khan herkend en ingewijd, zoals ook de achtste Bogd Gegeen in Tibet was gevonden voordat hij naar Mongolië was gebracht.

Na de Chinese annexatie van Tibet week Bogd Khan Sonam Dargia naar Dharamsala in Noord-India uit, waar de Dalai Lama in ballingschap leeft.

In 1991 werd de incarnatie door de Dalai Lama erkend en

toen die in 1995 Mongolië bezocht was hij halverwege het reciteren van een soetra gestopt en had hij de voorspelling uitgesproken dat het gebed door de Bogd Khan in Mongolië zou worden beëindigd.

Vier jaar later, in 1999 en bijna een eeuw nadat de achtste Bogd Khan de onafhankelijkheid van Mongolië had uitgeroepen en het beeld van Avalokitesvara had opgericht, bezocht de Bogd Khan Mongolië, hoewel de Mongoolse autoriteiten niet van zijn komst op de hoogte waren en het onduidelijk was of hij als negende Bogd Khan aanspraak op de Mongoolse troon zou maken. Eenmaal in het land bracht hij duizenden boeddhistische aanhangers op de been, van wie sommigen om het herstel van zijn heerschappij riepen. Iedereen wachtte op de politieke aanspraken van de geestelijk leider, maar tijdens zijn korte bezoek sprak de Bogd Khan alleen de wens uit in de nabije toekomst opnieuw naar Mongolië terug te keren. Het gebed dat de Dalai Lama was begonnen stelde hij tot een volgend bezoek uit.

Tot nog toe heeft dat tweede bezoek niet plaatsgevonden, en hoewel de Dalai Lama in 2002 opnieuw Mongolië bezocht, is het onwaarschijnlijk dat de Bogd Khan op korte termijn naar Mongolië zal terugkeren om het gebed af te maken en aanspraak op de Mongoolse troon te maken.

Later leg ik die vraag voor aan een van de boeddhisten die de Bogd Khan in 1999 verwelkomden, die nu secretaris is van een andere hoge lama in Mongolië.

'Onmogelijk,' zegt hij stellig, 'Mongolië is een democratie, er is geen plaats meer voor een khan als heerser. Tenzij hij zich verkiesbaar stelt...,' voegt hij eraan toe.

Onvermijdelijk komt het gesprek op het nieuwe beeld van Avalokitesvara in het Gandan-klooster.

'We hebben er absoluut geen moeite mee dat dit niet het oorspronkelijke beeld is,' zegt hij. 'We zijn boeddhisten die in reïncarnatie geloven, waarom zou een beeld dan ook niet verschillende levens en incarnaties kunnen hebben?'

Vervolgens laat de secretaris een fotoalbum van de boeddhistische lama zien voor wie hij werkt. Er zijn foto's van hem als kind, als student in een Tibetaans klooster en tijdens reizen door Mongolië. Op de laatste bladzijde is een korrelige zwartwitfoto geplakt, die ergens aan het eind van de negentiende eeuw genomen moet zijn, een foto van een monnik die op een hoge troon gezeten is. De lama kijkt geconcentreerd in de lens van de camera, alleen heeft hij zijn hand bewogen die op de foto als een schim over zijn schoot strijkt.

Ik vraag of het een mentor van de lama is maar de secretaris antwoordt: 'Het is een foto van zijn vorige incarnatie, uit een eerder leven van de lama.'

Een foto uit het vorige leven, overweeg ik en het duurt even voordat ik begrijp wat hij bedoelt.

'En hier is een schildering van hem van vier eeuwen geleden,' zegt de secretaris. 'Uiteraard bestond de fotografie toen nog niet.'

Ik probeer me het moment voor te stellen dat de lama de foto's voor het eerst onder ogen kreeg, en als kind te horen kreeg dat hij de incarnatie van de oude lama was die op de zwartwitfoto zo geconcentreerd in de lens tuurde.

Een paar dagen later bezoek ik met premier Enkhbayar het voormalige MPRP-complex Nukht. Rond Ulaanbaatar ligt een aantal vakantieoorden, zoals Nukht en Nairamdal, waar de vroegere partijtop en communistische elite hun kinderen naartoe stuurden of zelf vakantie vierden. Er staan houten hotels, sauna's, klimrekken en schommels en in Nairamdal, letterlijk 'vriendschap', heeft de Russische ambassade nog altijd een aantal datsja's staan die onder de diplomatieke immuniteit vallen. De oorden zijn toonbeelden van sovjetarchitectuur; boven de toegangspoorten staan steevast communistische sterren en vrijwel altijd is er een betonnen afbeelding van Lenin te vinden. Inmiddels kan iedereen de oorden bezoeken, maar eens in de zoveel weken boekt de regering een complex voor een vergadering of bespreking.

In Nukht speel ik na zo'n bijeenkomst een spelletje biljart met Enkhbayar. Hoewel de zon schijnt is het buiten fris; in

Tsam-dansers in Ulaanbaatar; omstreeks 1920 (© nmmh).

vierentwintig uur is de temperatuur van vijfentwintig graden naar zes graden Celsius gedaald. Binnen staan politici en staf rond de enorme groene biljarttafel. De winnaar neemt het op tegen een nieuwe speler en als ik aan de tafel kom heeft Enkhbayar al negen spelletjes gewonnen. Ik probeer te winnen, maar delf uiteindelijk toch het onderspit.

De protocolofficier die het spel heeft gadegeslagen fluistert na afloop: 'Je hebt goed gespeeld, maar het was wel verstandig van je om de premier te laten winnen.'

Het klinkt alsof het hoog tijd is om opnieuw de steppewereld buiten Ulaanbaatar in te trekken, zoals Enkhbayar voor de verkiezingen al had aangeraden.

Goudkoorts

'Waarom zou ik niet een van de eerste strijders zijn
voor het Boeddhisme?'
Ferdinant Ossendowski, *Dieren, Menschen en Goden* (1924)

Terwijl de verkiezingskoorts door Mongolië rondwaart, laat monnik Erdeene het haar op zijn scalp groeien. Erdeene is in 1990 als monnik tot het Gandan-klooster toegetreden. Hij is dan tweeëntwintig jaar en getrouwd, en de eerste van zijn twee dochters is net geboren. Al snel wordt hij assistent van de Khampo Lama, het hoofd van het Gandan-klooster en de informele leider van het boeddhisme in Mongolië.

Na tien jaar besluit Erdeene echter zijn monnikspij voor een zakenkostuum in te ruilen en het Gandan-klooster te verlaten om in zaken te gaan. Erdeene gaat in het noorden van Mongolië naar goud zoeken.

Hoewel Mongolië een traditie kent van gehuwde lama's, heeft het boeddhisme onder de Sovjet-Unie en na 1990 vormen aangenomen die de hoge boeddhistische incarnaties zorgen baart. Erdeene, die immers getrouwd is, is door een van hen gevraagd om een voorbeeld te stellen. Hem is gevraagd om uit te treden en daarmee de boodschap uit te dragen dat het leven van een monnik zich niet uitsluitend tussen negen en vijf afspeelt, en dat een gezin, drank en een snelle auto niet bij het kloosterleven horen.

Als ik hem opzoek wijst hij op de scheiding in zijn korte haar en vertelt hij dat hij voor het eerst in tien jaar shampoo en een kam heeft moeten kopen.

Het gezin zit op de bank in hun woonkamer, de twee meisjes spelen met poppen en eten de chocoladeletters die ik voor hen uit Nederland heb meegenomen. Erdeenes vrouw brengt thee en vertelt over de goudmijn die Erdeene gaat exploiteren. Het vijfde 'gezinslid' is de tv, die vrijwel altijd aan staat. Boven op het enorme breedbeeldtoestel liggen boeddhistische soetraboeken en staat een bronzen beeld van Avalokitesvara, de Barmhartige, zoals dat ook in het Gandan-klooster te vinden is.

Erdeenes appartement ligt in het Kosmos-district, vernoemd naar het ruimtevaartprogramma van generaal Kosmos die in het kabinet van Enkhbayar tot minister van defensie benoemd is. De wijk is gebouwd op een grote heuvel in het oosten van Ulaanbaatar en geeft uitzicht op het Gandan-klooster, tenzij de smog over de stad hangt en het zicht belemmert.

Erdeene vertelt over zijn klooster- en gezinsleven en zegt dat het een goede beslissing is geweest om zich uit Gandan terug te trekken. 'Ik ben nog altijd boeddhist,' zegt hij, 'maar nu misschien een betere dan toen ik nog monnik was.'

Over de flessen wijn die onder de eettafel staan hoeft hij zich nu niet meer schuldig te voelen.

'Echt monnik worden kon niet meer, ik heb een gezin,' vervolgt Erdeene, 'dus was er maar één optie: uittreden.'

Ondanks zijn voormalige hoge positie in Gandan blijft het moeilijk voor hem om zijn oude klooster Gandan te bezoeken. Erdeene vindt het niet prettig om 'in burger' en met zijn 'lange haar' naar het klooster te gaan, maar hij nodigt me graag uit om zijn goudmijn te bezoeken. Daarnaast is hij op zoek naar investeerders. 'We kunnen rijk worden,' zegt hij, 'jij en ik. Verschrikkelijk rijk.'

Monniken in Ulaanbaatar; rond 1920 (© NMMH).

Een aantal maanden later rijden we in Erdeenes jeep naar het huis van de Khampo Lama, het hoofd van het Gandan-klooster, die bij zijn moeder in Zuid-Ulaanbaatar woont. Erdeene heeft inmiddels een imposante scheiding in zijn haar en vertelt over de goudlicentie die hij heeft gekocht.

'Wish me luck,' fluistert hij en zijn ogen schitteren even.

Maar Erdeene is ook bezorgd. De mijn kan slechts zes maanden per jaar draaien, omdat er alleen gedolven kan worden als de grond ontdooid is, en Erdeene werkt hard om op tijd te kunnen beginnen. Het is januari en hij heeft nog acht weken om alles te regelen. Er wordt een bulldozer gehuurd, een centrifuge, een spoelbak en vijfentwintig seizoenarbeiders die in de mijn zullen werken.

Maar voordat de eerste spade de grond in kan, moet de Khampo Lama om een gunst worden gevraagd. Als boeddhist wil Erdeene voorkomen een levend wezen te doden, wat bij het graafwerk maar moeilijk te vermijden is. Daarnaast maakt hij zich zorgen dat bij het graven niet alleen wormen gedood worden, maar ook boze geesten naar boven zullen komen. Het is een angst die hij weglacht maar desondanks zeer serieus neemt. Erdeene heeft zijn oude leermeester de Khampo Lama dan ook gevraagd mee naar de mijn te komen om daar de grond te zegenen voordat die geopend wordt, opdat hij onbezorgd, maar wel voorzichtig, aan de slag kan. De Khampo Lama heeft ingestemd.

Het gebied waar Erdeene zijn concessie heeft gekregen is in de winter per jeep goed te bereiken als de rivieren en de zompige grond bevroren zijn en omdat ik er niet eerder geweest ben ga ik graag een paar dagen mee. Daarnaast klinkt het als een kleurrijke reis; het hoofd van de Mongoolse boeddhisten die de goudmijn van zijn voormalige assistent zal zegenen.

We hebben zo'n vijftien uur stuiteren voor de boeg als we de Khampo Lama oppikken. Deze pakt zijn lange gewaden bijeen en stapt in de jeep. Voor de reis heeft hij zijn prachtige gele pij verwisseld voor een eenvoudige *deel* en zware leren laarzen. Het is een enorme man die maar nauwelijks in de stoel van de jeep past. We hebben elkaar eerder ontmoet tijdens de verkiezingen, toen alle politici met hem op de foto wilden voor hun campagnemateriaal.

'Ze willen dat ik op tv zeg dat zij *good boys* zijn,' zegt hij.

Een andere keer ontmoet hij een bestuurslid van de Mongoolse Groene Partij, die net is opgericht.

'De Groenen?' hoor ik hem zeggen. 'Wat blijft er voor ons monniken over? We hebben al de Roden van wie we niets mochten, en nu dus een Groene Partij, misschien wordt het tijd dat we zelf maar eens de Gelen oprichten,' grapt hij, verwijzend naar het Geelhoed-boeddhisme waartoe hij behoort.

Zelf werd hij in 1992 als onafhankelijk parlementslid gekozen. Nu is hij niet langer geïnteresseerd in politiek, en zegt hij dat staat en religie gescheiden moeten zijn. Enkhbayar, die immers een boeddhist is, wil hij nog wel eens helpen, en EREL, de partij waarvoor zijn zuster werkt en die door een van de grootste goudexploitanten van Mongolië geleid wordt. Tijdens de verkiezingen zie ik op Ulaanbaatar TV de Khampo Lama de eerste steen voor een elektriciteitscentrale zegenen die EREL in het westen van Mongolië wil bouwen. EREL krijgt uiteindelijk een zetel in het nieuwe parlement, maar de elektriciteitscentrale bestaat na ruim twee jaar nog slechts uit die eerste steen.

Ik herinner me dat de Khampo Lama net Londen bezocht heeft en vraag wat daar het meeste indruk op hem heeft gemaakt. 'Madame Tu!' komt onmiddellijk het antwoord.

'Madame Tussaud's? Het wassenbeeldenmuseum?' vraag ik.

'Madame Tu!' bevestigt de Khampo Lama, en hij vertelt hoe hij in Londen tussen de sterren en beroemdheden wandelde en een foto van zichzelf maakte met de Dalai Lama 'en een andere met Saddam Hussein'. Vervolgens was hij met zijn indrukwekkende gewaden bewegingsloos tussen de wassen beelden gaan staan en had hij een Japanse schoolklas laten schrikken door plotseling 'boe' te roepen. Hij moet erg lachen bij het ophalen van de herinneringen. De reis naar de goud-

mijn met hem is een aaneenschakeling van anekdotes en verhalen en ik heb het gevoel dat hij blij is even uit Ulaanbaatar en
zijn formele bestaan in het Gandan-klooster weg te zijn.

Een van de monniken die mee is gekomen is wagenziek. Erdeene raadt hem aan plastic tape om zijn middel te plakken,
wat tegen misselijkheid moet helpen. De monnik stemt ermee
in en de auto stopt; vervolgens windt Erdeene meters plak-
band rond het ontblote middel van de man en dan hobbelen
we weer verder. De monnik zegt dat het helpt, maar ziet nog altijd wat bleekjes.

Khampo Lama Choijambs (rechts) met andere parlementariër;
omstreeks 1995 (© NMMH).

Na zonsondergang rijden we uren over een zandpad langs een rivier. We halen krap twintig kilometer per uur, maar de auto beweegt te veel om te kunnen slapen. Eén keer hebben we een tegenligger waarvan de dansende koplampen laten zien dat de weg verderop even slecht is.

Daarnaast is het koud in de auto, ondanks het feit dat we met zijn vieren dicht opeen op de achterbank gepropt zitten.

Om drie uur 's nachts rijden we eindelijk het mijnwerkersdorpje Bulgan binnen. Het is er aardedonker en onze koplampen zwaaien in twee grote bundels het dorpsplein op. Een stel honden sluipt langs de gevel van een gebouw de nacht in. De chauffeur toetert ondanks het late uur luidruchtig en na veel gebonk op een deur komt er een man in een hemd naar buiten om vervolgens weer naar binnen te gaan en tegen de kou een jas te halen. Er is, zoals altijd in Mongolië, een prachtige sterrenhemel, maar het is te koud om buiten te blijven. De man heeft een stel sleutels bij zich waarmee hij een deur op de begane grond van een appartementenblok opent. Binnen staan bedden langs de muren en een paar kasten. Voor vier dollar is het appartement die nacht van ons.

De volgende morgen ontmoeten we de burgemeester van Bulgan, die Erdeenes auto al voor het appartement heeft zien staan. Hij is zichtbaar blij dat de Khampo Lama zijn dorp bezoekt, en heeft een journalist van een lokaal televisiestation uitgenodigd die de Khampo Lama uitgebreid interviewt. Hij vertelt dat hij behalve burgemeester ook arts is en het buitenlands kapitaal moet aantrekken voor de mijnindustrie die nog nooit zo belabberd heeft gelopen als nu. Daarnaast geeft hij ook nog eens les op het schooltje voor de kinderen van de mijnwerkers.

'We hebben hier niet zoveel,' vertelt de man met een weids gebaar, 'dus als iemand zegt dat hij kapper is, dan zal hij dat wel zijn. Zo hadden we deze zomer een man die beweerde de toekomst te kunnen voorspellen. Hij beloofde iedereen goud, maar toen hij een charlatan bleek te zijn hebben we hem weggejaagd.' Een Amerikaanse missionaris die bij ieder huis ongevraagd bijbels bij deuren achterliet was hetzelfde lot beschoren.

Het plaatsje is inderdaad vergane glorie. De houten huizen staan verlaten langs de stoffige hoofdstraat en overal lopen honden die aan de banden van Erdeenes jeep ruiken en naar elkaar grommen. Een groepje Russen loopt over straat. De vrouwen hebben hun haar geblondeerd en in warrige krullen om het hoofd geborsteld, de mannen zien er in hun vale trainingspakken oud en afgeleefd uit. Ze zijn in Mongolië gebleven om te werken in het handjevol Russische mijnen dat na 1990 open is gebleven. Later vertelt een andere mijneigenaar dat in enkele Russische mijnen nog gevangenen werken. De mannen krijgen een kans om de laatste jaren van hun straf in Mongolië aan de slag te gaan en werkervaring op te doen.

'In de negentiende eeuw werd hier nog door Hollanders gemijnd,' vertelt de burgemeester als hij hoort dat ik uit Nederland kom. 'Ze waren rijk, de letters op hun grafstenen werden met goud ingelegd. Maar de grafstenen zijn inmiddels verdwenen, vermoedelijk om het goud ervan af te schrapen.'

Als we afscheid van hem nemen, waarschuwt hij me om geen wandelingetjes buiten het dorp te gaan maken. Er zijn beren – onlangs nog is een jongen aangevallen. 'De huid van zijn gezicht was van zijn hoofd getrokken,' zegt hij terwijl hij een gebaar maakt alsof hij zijn gezicht vanaf de kin tot over het voorhoofd omhoog stroopt.

Hoewel de mijnen maar nauwelijks werken, heeft de goudkoorts onlangs weer toegeslagen. Kinderen zitten op de hurken langs een stroompje en wassen de modder uit de rivierbedding in plastic en geëmailleerde teiltjes. Ze laten de kleine brokjes goud op de bodem van hun kommen zien en hebben allemaal een klein plastic flesje in hun zak waarin ze de *nuggets* bewaren. Een schoollerares klaagt dat de kinderen spijbelen om goud te wassen, en als ze wél naar school komen zijn ze te moe om wakker te blijven. Sommigen van hen graven schachten om op vier meter diepte naar goudklompjes te zoeken. Als er iemand 's avonds niet thuiskomt, wordt er gevreesd voor het ergste. De schachten zijn niet gestut waardoor ze soms instorten en de goudzoekers levend begraven worden.

Iedereen heeft echter een potje met goudsnippers in de zak, en iedereen kent wel een verhaal van een vriend van een vriend die uit Bulgan ontsnapt is door een klomp goud 'zo groot als de vuist van een man' te vinden.

In de vroege middag rijden we het stadje uit naar het terrein waar Erdeene zijn licentie heeft gekregen.

'Er is hier al eerder door de Russen naar goud gezocht, maar hun werkwijze was zo primitief dat er veel goud in de grond is achtergebleven,' legt Erdeene uit.

Sommige mijnen specialiseren zich in het verwerken van afvalgrond van oude Russische mijnen, omdat daar nog altijd veel uit te halen is.

Het goud dat Erdeene hoopt te delven ligt volgens zijn geoloog dicht aan de oppervlakte. Op het terrein staan nu nog bomen maar die zullen moeten worden gekapt. Vervolgens zal de eerste twee meter vruchtbare grond met een bulldozer opzij worden geschoven om het goud bloot te leggen. Het is een nauwkeurig karwei, want als er te diep wordt gegraven wordt het goud weggeveegd, maar als er te weinig grond wordt weggeschoven is de hoeveelheid goud per kuub te laag om de onderneming rendabel te maken. Als de mijn aan het eind van het seizoen succesvol blijkt en er voldoende geld over is, zal de vruchtbare grond, zoals voorgeschreven, worden teruggeschoven zodat er weer vegetatie kan groeien. Het is de nachtmerrie van elke natuurbeschermer, temeer omdat veel mijnen kwik gebruiken. In sommige dorpjes is er zoveel kwik gebruikt dat er volgens Mongoolse krantenberichten kinderen met afwijkingen worden geboren.

Erdeene heeft op zijn terrein drie blokhutten gebouwd die door een beheerder, diens vrouw en hun tweejarig dochtertje bewaakt worden. Het gezin heeft de hele winter alleen bij de mijn gezeten, dag in dag uit, en het meisje staat dan ook verbaasd te kijken als we het kamp binnenrijden en de auto's uitladen. Haar moeder heeft haar voor de gelegenheid een kanten jurk aangetrokken en kleurige strikken in het zwarte haar gedaan. Erdeene heeft onderweg ook een paar mijnwerkers opgepikt die zich in een hut installeren. Het zijn gedrongen kerels, die een zomerseizoen hard werken om de winter door te komen. Omdat het seizoen zo kort is, draait de mijn vierentwintig uur per dag en maken de mannen lange werkdagen en wordt er nauwelijks geslapen, wat ze volgens Erdeene in de winter inhalen. Hij belooft de mannen een bonus als het een goed jaar is, maar waarschuwt dat ze onmiddellijk ontslagen worden als ze drinken.

De mannen slapen in een houten blokhut op het terrein. Boven hun bedden hangt een poster van een vrouw in badpak met wuivende palmen voor een parelwitte branding. De mannen grijnzen en wijzen naar de poster als ik binnenkom. Voorlopig is de kokkin de enige vrouw in het kamp en zitten we op ruim duizend kilometer van de oceaan.

Behalve de Khampo Lama is er ook een Tibetaanse monnik uit Ulaanbaatar meegekomen. De man is in 1996 via India naar Mongolië uitgeweken. Net als veel andere Tibetaanse vluchtelingen is hij vanuit China door de Himalaya naar India gelopen, een voettocht van twee maanden. Over twee jaar zal hij de Mongoolse nationaliteit aanvragen zodat hij als toerist met een Chinees visum terug naar Tibet kan om zijn ouders op te zoeken. Om zijn pols heeft hij een horloge met een plaatje van Kuifje in Tibet.

Nu is hij meegekomen om een soetra voor het land van Erdeene te reciteren. Het is de *Buregkhangai*-soetra, waarin de bergen en steppen van Mongolië geprezen worden. Iedere heilige plaats in Mongolië heeft een eigen soetra waarin zij vereerd worden. Zo zijn er soetra's voor heilige bergen, rivieren, valleien en meren maar ook soetra's die aan het element aarde of water zijn opgedragen. De Tibetaanse monnik trekt zich in een van de blokhutten terug en niet lang daarna klinkt er het geluid van bellen en gezang uit de hut, wat ruim drie uur zal aanhouden.

De Khampo Lama en de andere monnik zijn met een aantal werklieden het bos ingelopen. Inmiddels is het gaan sneeuwen. De sneeuw valt op de bladeren en takken die bevroren op de grond liggen. Erdeene vindt de sneeuw een slecht teken. 'Boze geesten...,' zegt hij terwijl hij me bezorgd aankijkt.

De groep is onder een naaldboom gaan zitten, de Khampo Lama zit op een zeil dat door Erdeene is meegenomen. Alle anderen zitten geknield aan zijn rechterzijde. Voor hen staat een schaal met snoepjes en biscuit en een wierookbrander waar een dun lijntje rook uit opstijgt. Op de achtergrond is het gebed van de Tibetaanse monnik te horen. Soetraboeken met losse bladzijden die tussen twee houten plankjes zijn inge-

Mijnwerkers bidden in de sneeuw, voordat er naar goud gezocht gaat worden (CIRCA / Tj. Halbertsma).

klemd, worden uit rode en okergele doeken gewikkeld en in de schoot van de Khampo Lama gelegd, die de boeken met beide handen naar zijn voorhoofd brengt. Zachtjes begint hij een Tibetaanse soetra te reciteren en ondertussen wiegt hij met zijn bovenlijf heen en neer. De monnik heeft iedereen een hand graankorrels gegeven, die zo nu en dan in de lucht moeten worden gegooid. Een van de mannen heeft bij de eerste worp alles weggegooid, maar krijgt snel van zijn buurman een half handje toegestopt. De sneeuw dwarrelt nog altijd door de takken naar beneden en de mannen hebben witte ruggen van de vlokken. Erdeene zit met gesloten ogen op één knie naast de Khampo Lama, en lijkt volkomen ontspannen. Het geheel heeft nog geen tien minuten geduurd als de Khampo Lama zijn ogen opent, en met een '*Za*' ('Goed zo') opstaat om de sneeuw van zijn pij te schudden. De mannen krijgen allemaal een handvol snoepjes en biscuit uit de schaal en de rest neemt Erdeene mee voor later.

Ik kijk nog eens om naar het bos, dat vredig in de sneeuw ligt. De stammen van de dennenbomen zijn rond en dik van jaren gestage groei en de takken hangen zwaar naar beneden onder het gewicht van de sneeuw. Het ziet er sprookjesachtig uit, maar in mijn verbeelding kan ik de kettingzagen al horen. Door de sneeuw is het echter doodstil en worden alle geluiden gedempt.

De Khampo Lama fluistert dat de sneeuw door kwade demonen is veroorzaakt, die daarmee de lama's en monniken proberen te verdrijven. 'Geen probleem,' verzekert hij me, het gebed zal werken.

De volgende dag rijdt Erdeene me in zijn jeep naar Bulgan, waar ik de nacht zal doorbrengen en de volgende morgen een busje naar Ulaanbaatar zal proberen te vinden. Halverwege stapt hij uit de jeep en loopt hij door het struikgewas naar een open plek in het bos. Uit zijn zak haalt hij de snoepjes en biscuitjes die de vorige dag in de ceremonie gebruikt werden. Met lange zwaaien strooit hij de gezegende snoepjes in vier richtingen over het land uit. Nadat hij eens goed om zich heen heeft gekeken en diep adem heeft gehaald, loopt hij langzaam naar de auto terug. Hij glimlacht als hij weer de auto instapt. 'Wish me luck,' fluistert hij opnieuw.

In Bulgan boek ik het appartement waar we op de heenweg ook sliepen en zie ik bij toeval het interview met de Khampo Lama en de burgemeester op de televisie. Af en toe wordt er op de deur geklopt en gevraagd of de Khampo Lama er ook is, maar die zal later met Erdeene naar Ulaanbaatar terugrijden. Ik wandel naar de enige bar in het dorpje, en blijk ook de enige gast te zijn. Achter de bar liggen repen chocolade en rollen koekjes uitgestald, afgewisseld met flesjes bier. Door de spiegel erachter lijkt het een indrukwekkende voorraad. Er is niemand achter de bar te vinden, en na wat geroep stap ik door een deur de keuken in. Op de grond liggen eierschalen en aardappelschillen en aan tafel zit een vrouw met een witte koksmuts. Ze zat voorovergebogen te slapen, tilt dan slaperig haar hoofd van de tafel en sloft achter me aan naar de bar. Zonder veel ophef schenkt ze me een glas bier in, waarna ze weer naar de keuken verdwijnt om alleen terug te komen als er afgerekend moet worden. De vrouw bedankt me in het Russisch, zoals wel vaker gebeurt in Mongolië.

De volgende morgen vind ik een busje dat helemaal naar Ulaanbaatar gaat en ook nog plaats heeft. Ik rijd weliswaar achteruit en zit ingeklemd tussen twee andere passagiers, maar ik ben in elk geval op weg naar de hoofdstad, die me na Bulgan een metropool toeschijnt. We rijden door het gebied dat we op de heenweg in het donker hebben afgelegd en het uitzicht bevestigt hoe ver Bulgan van de rest van de wereld ligt. Het mijnwerkersdorp wordt omringd door bossen en vlaktes waarin je dagen kunt dwalen.

Af en toe stopt het busje om iemand uit te laten stappen. Ik strek de hals, maar kan in de meeste gevallen geen spoor van menselijk leven zien en vraag me af waar deze personen naar toe moeten.

Het busje wordt steeds leger, totdat ik aan het einde van de vlakte een man langs de weg zie staan, die bedaard zijn hand opsteekt. De bus stopt en de man spreekt kort met de chauffeur die knikt en de motor uitzet. De man duikt een greppel in en komt even later tevoorschijn met een rugzak, een musket en een enorm hertengewei dat maar net door de deur van het busje naar binnen geschoven kan worden. Op het hoofd draagt de man, een jager, een vilthoed en om zijn middel heeft hij een leren riem die zijn *deel* bij elkaar houdt en waarin hij rode patronen heeft gestoken. Het is een oude baas met een indrukwekkend verweerd gezicht en eeltige handen met grote zwarte randen onder de nagels. De man gaat tegenover me op een doos zitten en zet zijn musket tussen de knieën. Het is een enorme donderbus, die met een reep gerafelde stof over zijn schouder gedragen wordt. De kolf is ongelakt, zonder al te veel omhaal uit een blok hout gezaagd en vervolgens ruw in de juiste vorm geschaafd. Het geweer ziet er stokoud en gehavend uit, en terwijl de bus over de weg stuitert, vraag ik me af of het geladen is.

Schieten doet de donderbus van onze lifter in ieder geval goed: aan de grootte van het gewei te zien moet het een enorm hert zijn geweest dat de jager heeft geschoten. Ik verbaas me over de periode waarin het dier geschoten is, het is immers winter. De winter is in Mongolië in de eerste plaats een seizoen voor het jagen van wolven en vossen. Geweien zijn echter het hele jaar door geliefd bij Chinese handelaren die ze in stukken zagen of in poedervorm over de grens smokkelen. In China brengen de geweien als afrodisiacum veel geld op, omdat er potentie verhogende eigenschappen aan worden toegeschreven. In tegenstelling tot bijvoorbeeld neushoornhoorn of tijgertestikels bevatten de geweien inderdaad veel testosteron en hormonen, wat aan de populariteit van het middel bijdraagt.

Op de middelste bank van de bus zitten nog twee Mongolen die aan de spoelbakken van een goudmijn in Bulgan hebben gewerkt, waar het goud uit de modder wordt gewassen. Een van hen laat me een plastic aspirinepotje zien. Hij weegt het potje in de hand, en als hij het schudt rammelen de goud-klompjes in het flesje. 'Ingeslikt tijdens het werken,' legt hij uit, en vervolgens leunt hij schuin opzij en trekt hij een been op, alsof hij zijn darmen leegt, en moet hij hard lachen bij de her-innering hoe hij 's morgens de klompjes uit een emmer moest vissen. Nu is hij op weg naar een goudhandelaar in de stad. Ik moet aan de vijfentwintig mannen aan de spoelbakken van Erdeene denken en aan de verleiding die ze tijdens het werk zullen hebben, en ik hoor Erdeene weer 'Wish me luck' fluiste-ren.

Goudzoekertje met teil, Noord-Mongolië (CIRCA / Tj. Halbertsma).

Aan het einde van het seizoen laat Erdeene me in Ulaanbaatar een broodje goud zien. Hij heeft weliswaar geen winst gemaakt, maar hij zegt dat hij niettemin veel geleerd heeft. De mannen hebben geen bonus gekregen.

'Het was een goede oefening voor volgend seizoen,' zegt hij. Ik durf hem niet te vragen of hij de vruchtbare grond weer over de mijn heeft teruggeschoven.

Het broodje goud voelt zwaar aan, maar is ook vrij bleek van kleur; Erdeenes goud is vervuild met andere metalen en hij laat in het laboratorium onderzoeken of de chemicaliën of het kwik waarmee de Russen die vóór hem de mijn exploiteerden werkten, daar de oorzaak van zijn. 'Wish me luck,' zegt hij als hij de resultaten bij het laboratorium gaat ophalen.

Erdeene komt niet meer terug op zijn voorstel om samen in zaken te gaan en samen verschrikkelijk rijk te worden.

Hemelblauw

'When he was born, he was grasping in his right hand a clot
of blood in the shape of a knuckle-bone playing piece.'
The Secret History of the Mongols, dertiende eeuw
(vertaling Arthur Waley)

'Mijn grootmoeder werd op een berg van schapenmest geboren,' zegt Zaya als ik haar naar haar familie vraag, 'op een berg schapenmest!' schatert ze. 'En mijn moeder werd geboren in een *ger* op de huid van een geit.' Zaya zelf is in een kliniek op de steppe van Oost-Mongolië geboren, maar 'met kaarslicht, want na tien uur 's avonds was er geen elektriciteit. Toen ik een week oud was gingen mijn moeder en ik terug naar de *ger* waarin ik ben opgegroeid.'

Zaya, die regelmatig als vertaalster met me werkt, is dertig jaar, spreekt Engels, krijgt haar salaris van een buitenlandse organisatie in dollars en is onlangs in Parijs geweest om een vriendin te bezoeken; haar moeder werkt als notuliste in een rechtbank terwijl haar grootmoeder van de paarden, koeien en schapen leeft. Het zijn de drie stadia van de twintigste eeuw in Mongolië: herder, ambtenaar en ondernemer – *ger*, houten huis en stadsappartement. Als ik naar de verre voorouders van Zaya vraag, zegt ze dat dat 'Mongolen' waren, waarmee ze nomaden en herders bedoelt, 'wat anders?'

In de laatste dagen van de zomer besluit Zaya haar ouders in Khentii op te zoeken. Khentii is het hart van het Mongoolse rijk van Genghis Khan en er zal die dagen een beeld van hem worden onthuld. Ik vraag of ik mee mag komen.

Straat in Zuid-Ulaanbaatar, met *ger*, houten huis en sovjet-
appartementenblok (CIRCA / Tj. Halbertsma)

'Zolang je je er maar niet te veel van voorstelt,' zegt ze.

Als ze hoort dat ik een reisverhaal wil schrijven, voegt ze er- aantoe: 'Als je maar niet schrijft dat we vies, arm, ongelukkig, dom, primitief en ziek zijn.'

Zaya heeft tijdens haar bezoek aan Parijs gehoord welke be- tekenis het woord 'un Mongolien' – een Mongooltje – in Euro- pa heeft en vraagt of het woord in Nederland dezelfde beteke- nis heeft. 'Dat vermoedde ik al,' zegt ze als ik haar antwoord heb gegeven, 'wie bedenkt zoiets nou?'

Op de ochtend van het vertrek loop ik naar Zaya's apparte- ment, dat aan een zijstraatje van de Vredesboulevard van Ulaanbaatar gelegen is. De gevel van het appartementenblok is beklad met namen van rappers en bandjes als Snoop en Public Enemy, maar ook Mongoolse idolen als Lumino, Lipstick of simpelweg Horse. Ergens anders staat de prachtige constate- ring – of aanmoediging – 'Boys kiss me'. Vrijwel alle gebouwen zien er vervallen uit. Cement is uit de gevels komen vallen en het pleisterwerk zit vol scheuren en barsten. Alleen de pastel- tinten van de gevels fleuren de betonnen wijken op. Zalmkleu- rige bouwwerken staan naast een okergeel warenhuis en een restaurant met een mintgroene gevel.

De stalen deur van Zaya's appartementenblok ziet er geha- vend uit, in het trappenhuis is het donker en er zit een dronken man zijn roes uit te slapen. Hij heeft het hoofd in de schoot ge- legd en heeft in zijn broek geplast. Een verdieping hoger ligt een brij van ontlasting.

'Sorry, Tjalling,' zegt Zaya als ze de deur opent en de stank ruikt, 'dit is een slechte buurt.' Het huizenblok ligt in het cen- trum van Ulaanbaatar.

Het appartement zelf bestaat uit een kamer en keukentje, die door Zaya en haar twee zussen en broer gedeeld worden. Allen slapen, werken, eten en koken in dezelfde ruimte. Omdat Zaya de enige is die werk heeft, onderhoudt zij haar twee zussen en broer totdat die van school zijn of zelf een baan hebben gevonden. In de kamer liggen koffers waar beddengoed in zit, er hangt een wolvenhuid en boven de deur bungelt een plukje huid met de stekels van een egel.

'Egels kunnen zich met hun stekels goed verweren tegen aanvallers,' zegt Zaya. 'Ik hoop dat het ons beschermt tegen indringers en kwade woorden.'

De gelijkenis van het appartement met de *ger* waarin Zaya opgroeide is sprekend: alles gebeurt hier in één kamer en ook de inrichting doet aan een *ger* denken. Op een tafeltje staan afbeeldingen van de Boeddha voor een lijst met foto's van familieleden. Het zijn formele portretten van haar vader die in *deel* gekleed met een ernstig gezicht op een kruk zit terwijl achter hem twee van zijn dochters staan. Ook de twee meisjes lachen niet, zoals op familieportretten in Mongolië gebruikelijk is.

Zaya's vader is net in Ulaanbaatar aangekomen om zijn lever te laten onderzoeken in het ziekenhuis. Zaya zegt dat hij teveel drinkt en wijst hoofdschuddend op haar voorhoofd.

In de ijskast ligt de zak marmottenvlees die hij uit Khentii heeft meegenomen en in de gang staat een bus verse paardenmelk. Het is een zware man en hij heeft honger. Uit de schacht van zijn laars trekt hij een enorm mes om de worst mee te snijden die op tafel ligt. Het lemmet van zijn mes is twee keer zo lang als de worst.

Zaya heeft het appartement een jaar geleden gekocht en onmiddellijk alles roze laten verven. Vervolgens zijn er roze gordijnen opgehangen, is er een roze wc-bril aangeschaft en in de badkamer heeft de spiegel een roze lijst en staan de tandenborstels, roze, in een roze mok. Zaya zelf draagt voor de gelegenheid een roze coltrui en heeft haar lippen stemmig in dezelfde kleur gestift.

'En je lievelingskleur is?' vraag ik als ik het appartement heb bekeken. 'Lichtblauw,' komt het antwoord, waarna ze even nadenkt. 'Nee, hemelblauw,' corrigeert ze dan, en ik moet denken aan de staalblauwe hemel van de steppen waaronder ze is opgegroeid.

Zaya zegt blij te zijn om naar Khentii te gaan en laat me een kilo losse snoepjes, rollen biscuit van het merk Disco en chocola zien die ze voor familie en vrienden heeft gekocht. Vervolgens pakt ze een slaapzak uit een van de voorraadkoffers en bij de stalen voordeur trekt ze haar schoenen aan.

Buiten gooit ze nog snel even een plastic tas met vuilnis in een enorme stalen bak die tot aan de rand met afval gevuld is. In de bak staan twee kerels die met ijzeren haken door de zakken gaan en flesjes en karton verzamelen. De mannen zitten onder het vuil en onderbreken hun werk zo nu en dan om kranten te lezen die tussen het vuilnis liggen. Zoals negen van de tien Mongolen hebben ze leren lezen – Mongolië heeft een van de hoogste percentages alfabetisme in de wereld. Het is een van de weinige verdiensten van de communistische periode in Mongolië, waarin alfabetisme hoog op de agenda stond. Zaya's grootmoeder behoort tot de overige tien procent, hoewel Zaya zegt dat ze wel kan lezen, 'maar heel, heel langzaam'.

Sinds 1990, met het instorten van het onderwijssysteem, is het analfabetisme echter weer sterk toegenomen en de zwervertjes die rond het busstation hangen kunnen ongetwijfeld lezen noch schrijven.

Het busstation is om negen uur 's morgens vol. Busjes staan te toeteren en blazen zwarte wolken diesel over het stoffige terrein. Tussen de bussen loopt een man met een groot draadloos telefoontoestel, op zoek naar klanten die nog iemand moeten bellen voordat ze de steppen ingaan. Het apparaat en de hoorn zijn in plastic verpakt tegen vette vingers en de man draagt smetteloze witte handschoenen waarmee hij zelf het nummer voor zijn klanten draait.

Andere venters verkopen flessen water, sigaretten en bandjes met Russische popmuziek van Alsou, maar ook Smokey, Abba en Boney M. Deze bands zijn nog altijd razend populair in Mongolië – Boney M is de week voor ons vertrek nog in het worstelstadion van Ulaanbaatar opgetreden, waar ze tot ergernis van het publiek voornamelijk evangelische liederen ten gehore brachten voordat de Mongoolse fans eindelijk *Rivers of Babylon* en *Sonny* konden meezingen.

Veel van de venters op het busstation zijn vrouwen. Ze dragen lappen voor de mond en om het haar; tegen het stof en de uitlaatdampen van de ronkende bussen en jeeps die staan op te warmen.

Zaya heeft inmiddels een jeep gevonden die naar Ondorkhan, de hoofdstad van Khentii, gaat. Ze kent de chauffeur met wie ze in Ondorkhan werkte voordat ze naar Ulaanbaatar kwam.

'Jargalsaikhan was chauffeur bij de provinciale overheid waar ik schoonmaakster was,' vertelt ze, terwijl ze hem lachend bij de arm pakt. 'Op de steppen kent iedereen elkaar,' legt ze uit. 'Het is een zegen, maar ook een vloek.'

Een maand eerder heb ik Zaya naar het busstation zien gaan met een nieuwe televisie voor haar ouders. Zelf bleef ze in Ulaanbaatar. 'Er is altijd wel iemand die ik ken en die naar Ondorkhan gaat, en anders vraag ik wat rond en geef ik hem aan iemand mee die mijn ouders kent.'

In de jeep zit al een andere passagier te wachten die een aantal schoolkinderen terug naar Ondorkhan brengt. De kinderen hebben hun zomervakantie in Ulaanbaatar doorgebracht en zijn nog bij hun familie of gastgezinnen waar ze een voor een moeten worden opgepikt, voordat we naar Khentii kunnen afreizen.

Terwijl we het busstation uitdraaien zie ik het Gandanklooster tegen de heuvel liggen. Het witte gebouw is omringd door honderden *ger*s, die dicht naast elkaar zijn opgezet. De komende dagen zullen alle *ger*s die we zien, in een zee van ruimte op de eindeloze steppen van Oost-Mongolië liggen.

De schoolkinderen worden in verschillende wijken van Ulaanbaatar opgehaald en als de laatste met haar bagage in de jeep is geklommen, hebben we twee volwassenen en zeven scholieren op de achterbank zitten. De kinderen zitten op elkaars schoot, in de hoek zelfs drie lagen dik. Zaya heeft een losstaand krukje tussen de voorstoelen gezet, en zal daar de hele reis blijven zitten.

De Russische jeep is gloednieuw. 'Daarom rijdt hij nog niet zo hard. Alles moet nog ingereden worden,' zegt Jargalsaikhan, die inderdaad moeite heeft de jeep op gang te krijgen. Aan zijn sleutelbos hangt een kootje uit de poot van een wolf die hij de vorige winter geschoten heeft. Bij iedere stop haalt hij een stofdoek over de drie wijzerplaten in zijn dashboard en, als er tijd voor is, over de voorruit. Zes jaar eerder is hij voor zichzelf begonnen en sindsdien rijdt hij de 345 kilometer tussen Ondorkhan en Ulaanbaatar continu op en neer. Dit is zijn zevende jeep. Na een jaar en bijna 100.000 kilometer over Mongoolse wegen, doet hij de auto's weg en koopt hij voor ruim vijf miljoen *togrog* (zo'n 4500 euro) een nieuwe jeep, die uit een Russische fabriek naar Ulaanbaatar wordt gereden.

Na twee uur van wachten en kinderen ophalen rijden we uiteindelijk Ulaanbaatar uit en hebben we het laatste *ger*-district van de stad achter ons gelaten. De grintwegen worden zandpaden vol kuilen en gaten, totdat er plotseling in het midden van de steppen een kaarsrechte asfaltweg ligt, waarop snelheden tot tachtig kilometer per uur kunnen worden bereikt. De weg is een jaar eerder door de Japanse regering aangelegd.

'Japan is een van de goede vrienden van Mongolië geworden,' zegt Zaya. 'Ze denken Mongolië in de toekomst hard nodig te hebben.'

Ik vraag haar waarom.

Zaya vermoedt dat hun eilanden zinken en dat het ruime Mongolië daarom aantrekkelijk is. Een van de passagiers op de achterbank bevestigt – vanachter twee kinderen op zijn schoot – de hechte vriendschap tussen Japan en Mongolië.

'En wat doet Mongolië voor Japan?' vraag ik.

'Een goede vriend hoeft niet altijd iets terug te hebben.'

De nieuwe vriendschap tussen Japan en Mongolië volgde op een van de wreedste perioden in de Mongoolse geschiedenis nadat Japan in de jaren dertig China en Mongolië was binnengevallen.

Verschillende monumenten in Ulaanbaatar herinneren aan deze periode en op het Zaishan-monument ten zuiden van Ulaanbaatar is de revolutionaire geschiedenis van Mongolië in mozaïeken uitgebeeld. Het monument staat op een heuvel die aan de ene kant over de stad Ulaanbaatar uitkijkt en aan de andere zijde over de jeugdgevangenis die aan de voet van de heilige Bogd Khan-bergen is gebouwd. De geglazuurde afbeeldingen op het monument laten heldhaftige Mongolen zien, die met armen vol graan de communistische droom bewerkstelligen of de Mongoolse 'generaal Kosmos' in zijn raket afbeelden. Op een van de mozaïeken is echter ook te zien hoe een groep revolutionaire soldaten de Japanse vlag met de rijzende zon vertrapt.

Maar ondertussen rijden we wel over een perfecte weg die door de Japanse hulporganisatie JICA is aangelegd. Het gladde asfalt doet de nieuwe banden van Jargalsaikhans jeep zingen.

Tegen het middaguur wordt er voor de lunch bij een rijtje *guanz* gestopt. De eetgelegenheden bestaan uit houten huizen en *gers* die aan één kant langs de weg gebouwd zijn. Het rijtje *guanz* doet me aan het decor van een western denken en Mongolië wordt dan ook regelmatig het Wilde Oosten genoemd. Tussen de *gers* en de houten huizen liggen honden in het stof te slapen en hollen haveloze kinderen achter wiebelende hoepels aan. Vrachtwagens en jeeps staan her en der geparkeerd en bestuurders laten hun lekke banden plakken, terwijl ze zelf aan het eten zijn. Vervolgens worden de vrachtwagenbanden met een piepende fietspomp weer opgepompt. Zaya komt een van haar klasgenoten uit Khentii tegen die inmiddels getrouwd is en drie kinderen heeft. Zaya zelf is ongehuwd, een toestand die haar moeder met zorg blijft vervullen.

'Gelukkig ben ik veel dikker geworden,' zegt Zaya, 'dus daar kan ze niet meer over klagen.'

De restaurants hebben geen stromend water en er wordt op hout gekookt dat op vrachtwagens vanaf de grens met Siberië wordt aangevoerd. Een elektriciteitslijn voedt de bungelende peertjes aan de plafonds. Water wordt uit de put gehaald en kinderen lopen met karretjes en vaten water tussen de bron en de restaurants op en neer.

Jargalsaikhan kiest voor een *guanz* van een dorpsgenoot die hier neergestreken is, maar Zaya loopt alle restaurants af om de schoonste keuken te vinden. Uiteindelijk wenkt ze me: ze heeft een goede plek gevonden. Binnen zitten twee truckers over een kom soep met noodles gebogen, en er ligt een slapende man op een bed dat tegen een van de houten muren staat. We eten groentesoep die voornamelijk uit schapenvlees, uien en aardappelen bestaat.

'*Za*,' zegt Zaya als zij de kom heeft leeggedronken, 'goed,' en iedereen klimt de jeep weer in.

Het landschap waar we doorheen rijden is het klassieke steppeland van Oost-Mongolië. De groene heuvels zijn vlakker geworden en liggen als een verstilde zee tot aan de horizon uitgestrekt. Kleuren lijken in Mongolië zuiverder dan waar dan ook. Groen is echt groen, oranje oranje en de hemel zo blauw als hij nergens anders is.

In de namiddag realiseer ik me dat ik al uren geen bomen meer heb gezien en ik verbaas me erover dat een landschap zonder bomen zo prachtig kan zijn. Het landschap is op de kleuren na volkomen leeg, geen rots of boom doorbreekt de glooiende lijnen en vlakken van de steppeheuvels. De toevoegingen aan het landschap als de enkele *ger* of ruiter die we onderweg passeren springen te voorschijn in deze leegte. Een enkele keer loopt er een man door het landschap, in een rechte lijn naar een bestemming die door de heuvels aan het oog onttrokken is.

Mongolen hebben een sterk richtingsgevoel, ook als het bewolkt is en de zon niet meer te zien is. Jargalsaikhan vertelt hoe hij zijn weg vindt door het landschap, waarbij hij klaarblijkelijk de nuances van wat mij identieke heuvels lijken, als bakens voor onze tocht herkent.

Het enige baken dat ik als zodanig herken is een verlaten stad die plotseling in de steppen opdoemt. De stad werd in de jaren vijftig als een basis voor Russische manschappen gebouwd en bood aan tienduizenden soldaten onderdak. Wat ooit de beste behuizing in Mongolië was, bestaat nu uit ruïnes, sinds in september 1990 de laatste Russische soldaat Mongolië verliet. Alle houtwerk, ramen, deuren en dakpannen zijn uit de gebouwen gesloopt om te worden opgestookt of in andere bouwwerken te worden gebruikt. De kolossale gebouwen staan met zeven verdiepingen als geraamtes in het landschap.

De spooksteden zijn in heel Mongolië te vinden en zullen de nieuwe verloren steden van de toekomst worden. Terwijl we langs de resten van de bouwvallen rijden vraag ik me af hoe archeologen in een paar honderd jaar tijd hier de geschiedenis van Mongolië en de Sovjet-Unie opnieuw zullen reconstrueren.

In de vroege avond rijden we Ondorkhan binnen en worden de schoolkinderen een voor een bij *ger*-tenten of houten huizen afgezet. De eerste indruk van Ondorkhan is er een als van vrijwel alle andere provinciale hoofdsteden. De stad bestaat uit uitgestrekte grintvelden met daartussen appartementenblokken en regeringskantoren, die in zachtblauw en andere pasteltinten geverfd zijn. Op het gemeentehuis wappert een Mongoolse vlag en op andere gebouwen zie ik partijvlaggen van de democraten en de MPRP. Buiten het centrum liggen de *khashaa*s, wijken met schuttingen en hekken waartussen houten huizen en *ger*s staan, zoals ook Ulaanbaatar een *ger*-district heeft. Alle huizen hebben elektriciteit, maar alleen de stenen appartementenblokken hebben water, centrale verwarming en een rioolaansluiting.

We rijden tussen schuttingen over een hobbelend zandpad langs de erfjes totdat Zaya de auto laat stoppen. Zaya trekt een deurtje in een van de schuttingen open, maar slaat die meteen weer dicht als een hond hard begint te blaffen. Niet lang daarna klinkt er een vrouwenstem die tegen de hond roept, waarna Zaya's moeder de poort opentrekt.

De *khashaa* – letterlijk 'hek' – waar Zaya's ouders wonen, bestaat uit een vierkant erf van twintig bij twintig meter. Aan de
straatkant staan twee houten hokjes die over een gat in de
grond zijn gebouwd en die als wc dienen. Aan de andere kant
van het erf ligt het houten huis waarin Zaya is opgegroeid, nadat de familie vanuit de *ger* op de steppen naar Ondorkhan
was getrokken toen haar vader voor de provinciale overheid
ging werken.

Het huis bestaat, net als het appartement van Zaya en de *ger*
van haar grootmoeder, uit één ruimte die door een houtkachel
in tweeën wordt verdeeld. Al met al is het zo'n zeven meter
lang en vier meter breed en heeft het, zoals vrijwel alle
*khashaa*s in Mongolië, alleen ramen op het zuiden. De deur is
laag, en binnen blijkt het plafond maar nauwelijks twee meter
hoog. Bij de deur liggen zadels en staan emmers water. Er is
geen vaste waterleiding en de emmers moeten bij de pomp gevuld worden. Zaya's moeder, Enkhtuya, schenkt onmiddellijk
melkthee in en wijst op de twee stoelen die naast een tafel
staan. Zelf gaat ze op een bank zitten die later als bed dienst zal
doen.

De ruimte is spaarzaam gemeubileerd met twee slaapban-
ken, een kast met dekens en kleding waarop een spiegel staat
en een lijst met daarin familiefoto's. Er zijn zwartwitfoto's van
haar vader te paard, haar broer in legeruniform op het Sukhbaatar-plein en een kleurenfoto van Zaya die voor de Eiffelto-
ren in Parijs genomen is.

Aan een haak hangt een paardenhalster met zilverbeslag en
een soetraboek. Net zoals in Zaya's huis bungelen er een huid
van een wolf aan een spijker en een plukje egelstekels boven de
deur. Aan de muren hangen rode tapijten.

'Wil je marmot of paardeningewanden voor het avondeten,'

vraagt Zaya als we een kop thee gedronken hebben, en ze moet lachen omdat ze weet dat beide voor mij waarschijnlijk een primeur zijn. Die avond eten we marmot. Het beest ligt in vier stukken gehakt tussen uien, wortels en aardappels in de pan.

'Het is goed vlees,' zegt Zaya's moeder, 'marmotten eten de beste kruiden en grassoorten. En heel veel tijm.'

Af en toe komt er een familielid binnen die Zaya begroet door aan beide wangen te ruiken. Er wordt niet gekust, alleen even geroken zoals traditioneel gebruikelijk is tussen oudere en jongere familieleden. Zaya geeft allen een reep chocola, en als die op dreigen te raken een halve reep of een pakje biscuit.

Na het eten worden de banken als bedden opgemaakt en worden de gordijnen voor de twee gebarsten ramen dichtgetrokken. Een buurvrouw komt de twee stoelen lenen omdat ze bezoek heeft gekregen en daarna daalt de rust over de *khashaa* neer. Buiten stralen de sterren in de koude nacht, het is eind augustus en het begint 's nachts alweer koud te worden.

'Binnenkort zetten we de *ger*-tent buiten op het erf op. De kachel in het huis vreet veel te veel hout om het enigszins warm te krijgen,' zegt Zaya, 'terwijl de vilten *ger* makkelijk warm te houden is.'

De ronde vilten tent wint het dan toch nog van het vierkante houten huis. In de zomer moet de *ger* het echter weer tegen het houten huis afleggen. Als er veel regen valt begint het vilt niet alleen te lekken maar ook te rotten, en moeten er nieuwe lagen doek over de tent worden gespannen. Maar met de desastreus droge zomers achter de rug is dat de laatste drie jaar geen probleem geweest.

Zaya's moeder doet het licht uit door twee draden uit een stopcontact te trekken. Het is meteen aardedonker. Vanuit mijn bed hoor ik Zaya en haar moeder ademhalen, verder is

Ger-tent van boombast in tegenstelling tot het gebruikelijke vilt, omstreeks 1950 (© NMMH).

het volkomen stil. Totdat de oude ijskast zoemend aanslaat en tegen de houten vloer begint te dreunen.

De volgende morgen zal op het stadsplein het nieuwe beeld van Genghis Khan worden onthuld. Khentii is de geboorteplaats van Genghis en de *Geheime geschiedenis van de Mongo-len*, het dertiende-eeuwse werk dat de Genghis-dynastie beschrijft, speelt zich voor een groot deel in de steppen rond Ondorkhan af.

Volgens het boek werd er aan het einde van de twaalfde eeuw een bijzonder jongetje geboren. 'In zijn vuist hield hij een klont gestold bloed,' vertelt het dertiende-eeuwse epos. De jongen kreeg de naam Temujin, maar zou later als heerser van de Mongolen de naam Genghis Khan aannemen. In 1205 wist Genghis Khan de verschillende stammen en volken in Mongolië en Centraal-Azië te verenigen, waarna hij langzaam maar zeker overging tot het vestigen van zijn wereldrijk. Zijn zonen zouden die expansie voortzetten en in vijftig jaar het grootste rijk opbouwen dat ooit heeft bestaan. Vijftig jaar nadat een derde van de wereld was veroverd ging het rijk echter weer ten onder.

Terwijl vrijwel alle grote wereldheersers en veldheren uit de geschiedenis tijdens hun heerschappij monumenten bouwden om hun naam de toekomst in te dragen en tegen de vergetelheid te beschermen, is er van Genghis Khan niets materieels bewaard gebleven. De khan was immers een nomade en zijn paleizen bestonden uit kolossale *ger*-tenten die op houten karren werden voortgetrokken. In het geval van Genghis heeft zijn veroveringsdrang zo'n indruk gemaakt dat acht eeuwen later iedereen zijn naam nog kent, terwijl de namen van de koningen en keizers die bijvoorbeeld de Taj Mahal en Grote Muur bouwden, vrijwel vergeten zijn.

Toch duurde het nog acht eeuwen voordat er door de nazaten van Genghis een standbeeld van hem in Mongolië werd opgericht. Vrijwel alle Mongoolse monumenten van Genghis werden in de laatste tien jaar, vanaf 1990, gebouwd. Een van de redenen daarvoor is dat iedere verering van Genghis Khan tijdens de communistische periode verboden was en in Ondorkhan – uiteindelijk de hoofdstad van Khentii – wordt in 2002 dan eindelijk een beeltenis van Genghis onthuld.

Het beeld staat in een blauwe doek gewikkeld op het stadsplein. Twee mannen houden het kleed, dat vervaarlijk in de wind klappert, stevig vast. Het plein stroomt vol met mannen en vrouwen in hun beste *deel* en hoewel het schooljaar nog niet begonnen is, hebben veel meisjes hun schooluniform aangetrokken. Oude mannen met rijen medailles op de borst staan geduldig op de onthulling te wachten en herders kijken vanaf hun paard over de menigte uit. Aan de voet van het beeld staan een tafel met microfoon en daarachter twee boeddhistische monniken die soetra's reciteren. Na een speech knipt de gouverneur van Khentii een rood lint door en laten de twee mannen het doek om het beeld zakken. Genghis staat met een hand in zijn zij vereeuwigd in graniet – zes meter hoog. Het beeld is onmiskenbaar vervaardigd door een beeldhouwer die menige sculptuur van Lenin heeft gemaakt, en past zo in een rij van sovjetrevolutionairen.

Vier officieren in uniform marcheren in een strakke formatie en met een bloemenkrans tussen hen in naar het beeld. Iedereen is muisstil als ze de krans op een standaard zetten en de handen in een saluut aan de petten zetten.

Vervolgens draagt een scholier een gedicht voor. 'Temujin! Onze Temujin!' klinkt het na ieder couplet.

Tot slot wordt een nummer van de Mongoolse rockband Genghis Khan gezongen. Het zangeresje, getooid met zonnebril en baret, zingt de sterren van de hemel. Ze staat wijdbeens voor het beeld, een hand aan de microfoon en de andere omhooggestoken, de vingers gespreid. Tussen de coupletten gooit ze het hoofd in de nek en stampt ze met een Elvis-been op het marmer. 'Genghis trok door de wereld, met zijn paard, zijn zoon en onder de blauwe *Tenger* van Mongolië,' knettert het over de steppen rond Ondorkhan.

Als de politiemannen hun kordon opheffen, stormt het publiek naar het beeld. Een enkeling drukt het voorhoofd tegen het graniet. Anderen hebben bloemen meegenomen die ze tegen de laarzen van Temujin zetten en ook Zaya vraagt of ik een foto van haar en Genghis wil nemen.

Zaya's moeder is thuisgebleven en zegt niet geïnteresseerd te zijn in het beeld. Bovendien is het zondag, haar enige vrije dag.

'Ik ben wel trots dat Genghis uit deze provincie komt,' zegt ze als ik haar naar Genghis Khan vraag. 'Hij was een groot leider die Mongolië tegen de buitenwereld beschermde. Hij was goed voor Mongolië, maar misschien minder goed voor andere landen. Genghis is verleden tijd, nu hebben we een goede leider nodig, niet om een nieuw rijk te veroveren maar om ons land weer gezond te maken.'

Het zijn uitspraken die haar twintig jaar geleden in de gevangenis hadden doen belanden, zegt ze.

Vanaf 1985 mocht er weer over Genghis Khan gesproken worden. De media berichtten af en toe over hem, maar altijd als een moordenaar of als 'slecht element'. 'Religie was verboden, maar iedereen ging naar een lama of liet zich de toekomst voorspellen,' zegt Zaya's moeder die zich boeddhiste noemt, maar ook in een Mongoolse variant van *fengshui*, geomantiek, is geïnteresseerd.

Ik wijs op de medailles die aan de muur hangen. Tussen de onderscheidingen hangt een glimmende medaille met de afbeelding van een vrouw met een kind in de armen. Onder het huiselijke tafereel staat het cijfer twee. 'Ik heb vijf kinderen gekregen, waarvoor ik van de staat een onderscheiding in de tweede rang kreeg,' zegt ze. 'Zaya is de oudste. Als ik acht kinderen of meer had gehad, dan had ik de eerste moederschapsonderscheiding gekregen.'

Zaya's moeder is negenenveertig jaar oud en werkt als secretaris bij de rechtbank van Ondorkhan. Diefstal van vee komt het meest voor, en vechtpartijen tussen dronkelappen. Het vee wordt óf meegenomen naar andere provincies óf de Russische grens over gedreven. Veel van de dieven zijn herders die tijdens de *zud*, een rampzalige winter, al hun vee hebben verloren. Ze hebben grote families – negen kinderen is geen uitzondering.

'Vroeger zouden de herders een medaille nr. 1 hebben gekregen, nu hebben ze negen monden te vullen,' zegt Zaya's moeder.

De levens van Zaya, haar moeder en grootmoeder laten zien hoe sterk Mongolië in de laatste decennia veranderd is. Terwijl Zaya's ouders op de steppe nog vee houden, heeft Zaya als eerste in de familiegeschiedenis geen banden met het herdersbestaan meer.

'Ik zou graag willen dat Zaya leert paardrijden en voor dieren zorgen, maar ze is een stadsmeisje geworden.'

Zaya werd geboren in een steppekliniek in Bayanmonkh, West-Khentii. Moeder en dochter mochten een week blijven en daarna gingen ze terug naar hun *ger*. 'Het was zwaar, want Zaya werd in de winter geboren en ik moest vrijwel meteen ijs halen, houthakken en koeienmest verzamelen om de kachel te stoken en het ijs te smelten voor drinkwater.'

Zaya's vader werkte voor het centrale prijscontrolebureau dat toezicht hield op de prijzen die de overheid voor alle goederen vaststelde en was veel weg, dus stond haar moeder er alleen voor. Ze wikkelde Zaya in een doek en bond haar met andere lappen aan het bed. 'In de werkpauzes rende ik terug naar de *ger* om haar snel te voeden.'

Zaya was echter niet het eerste kindje dat in de familie geboren werd. 'Twee jaar voordat Zaya geboren werd was ik voor het eerst zwanger,' vertelt haar moeder.

Zaya's ouders waren net getrouwd toen haar moeder achttien was, en het echtpaar woonde nog niet in Ondorkhan, maar op de steppe. Op een dag spande Zaya's moeder de kar achter een van de kamelen om water te halen, toen het dier haar met een achterpoot een trap gaf.

'In mijn buik. Ik was ruim zeven maanden zwanger,' zegt ze somber. ''s Avonds begon het pijn te doen en kreeg ik de eerste weeën. Ik zei tegen mijn man dat hij de dokter moest waarschuwen, maar hij was te verlegen om hem te vertellen dat ik moest bevallen, dus ging hij naar een tante die ooit als zuster had gewerkt. Ik moest gehurkt op een geitenhuid gaan zitten en leunde voorover op de grote ronde mand waarin we koeienmest voor de kachel verzamelden. De koeienpoep zat op mijn benen. Die nacht beviel ik van een meisje, ik hoorde haar huilen, maar daarna niets meer. We hebben haar de volgende dag begraven.'

Iedereen is even stil, totdat de ijskast opnieuw aanslaat.

De volgende dagen bezoekt Zaya vrienden en familie. Allen krijgen snoepjes, chocola of biscuit. Bij ieder bezoek wordt door de gastvrouw steevast de televisie aangezet, of als die er niet is de radio, of allebei, zoals bij de vader van een van Zaya's klasgenoten.

'Mister Johnson likes me very much,' klinkt een Engelse talencursus op de radio, terwijl op tv een dikke vrouw met uitgestrekte handen een levenslied zingt.

Tussen de bezoeken door lopen we door het stadje. 'Alles is nog hetzelfde als toen ik wegging,' zegt Zaya. 'Het ziet er alleen slechter uit dan vroeger. Ik heb hier tot mijn vierentwintigste gewoond en ik heb altijd gedacht dat Ondorkhan speciaal was. Nu ik reis zie ik dat alle provinciale steden hetzelfde zijn en allemaal met hetzelfde plan, hetzelfde budget en dezelfde ideeën zijn gebouwd. In sommige steden zijn zelfs de staatsrestaurants identiek. Het is als een schooluniform in het groot.'

Ze vertelt dat stadjes als Ondorkhan langzaam leeglopen. 'Iedereen gaat hier uiteindelijk weg. De armen omdat ze wel moeten, de rijken omdat ze hier niets meer te zoeken hebben.'

Het stadje ziet er inderdaad sjofel uit. Op de markt is vlees het enige product dat volop te krijgen is. Op een binnenplaats waar handelaren hun goederen kunnen verkopen zijn slechts drie van de tientallen houten tafels bezet. Twee mannen verkopen gebruikte auto-onderdelen en elektrische apparaten. Er liggen stekkers aan afgeknipte koorden en lichtknopjes naast kogellagers en een enorme berg autosturen. De derde persoon is een vrouw die achter vijf rijen roestige moertjes en boutjes zit. Ik koop een moertje, de vrouw vraagt 50 *togrog*, de Mongoolse munt waarvan er ruim duizend in een euro gaan.

Zaya stapt de voormalige staatswinkel van Ondorkhan binnen om biscuit en snoepjes voor haar grootmoeder te kopen.

'Vroeger stond ik hier met andere kinderen en grootouders om vijf uur 's ochtends in de rij voor melk en vlees,' vertelt ze. 'Om zeven uur kwam de melkwagen en kon iedereen vijf liter melk kopen totdat die een halfuur later op was en de helft van de mensen met lege handen naar huis moest.'

Nu is de winkel geprivatiseerd en liggen de schappen vol pakken rijst, meel, dozen snoepjes, flessen wodka en blokken samengeperste thee. Achter de toonbank staat een vrouw in een witte stofjas. Ze bedient de weegschaal of laat haar vingers razendsnel over een rekenmachientje wandelen. Iedereen wordt door elkaar heen geholpen. Mannen steken een biljet van duizend *togrog* over de toonbank voor een fles wodka, kinderen komen snoepjes kopen of een half pakje kauwgom – de andere helft van het pakje wordt in de kassa geleegd. Als het wisselgeld op is, wordt de klant noodgedwongen in kauwgom terugbetaald: twee kauwgommetjes voor iedere honderd *togrog* wisselgeld.

Als we langs het provinciehuis lopen, stapt Zaya even naar binnen. 'Hier werkte ik als schoonmaakster,' zegt ze. Ze laat me de kamer zien waar ze met drie andere meisjes haar lunchpauze hield en de gang met kantoren die ze schoon moest houden. De gang heeft een oranje houten vloer, de favoriete kleur van Mongolië. Aan de wand hangen de portretten van de gouverneurs van Khentii.

'Dat was mijn baas,' zegt ze bij een van de portretten. 'Hij heeft me twee keer de prijs voor beste schoonmaakster gegeven. De eerste keer kreeg ik een schort, de tweede keer won ik een tafellaken.'

De dochters van Indranil

'These children of hers, though brought up on green-stuffs, flourished remarkably and were a match for anyone.'
The Secret History of the Mongols, dertiende eeuw
(vertaling Arthur Waley)

De volgende dag rijden we naar de grootmoeder van Zaya, wier *ger* bij Delgerkhaan staat, in het hart van het Mongoolse rijk. Hier is Genghis Khan niet alleen geboren, maar werd hij volgens het dertiende-eeuwse werk *Geheime geschiedenis van de Mongolen* ook begraven. Volgens de legende werd het graf gevuld met rijkdommen uit de gehele wereld en werd er een kudde paarden overheen gejaagd om de sporen uit te wissen, waarna de betrokkenen gedood werden. Genghis' graf werd inderdaad nooit teruggevonden.

Chinese kranten beweren regelmatig dat Chinese archeologen het graf hebben weten te vinden en er bestaat in Binnen-Mongolië – tot afschuw van de Mongolen – zelfs een toeristenattractie die als het Mausoleum van Genghis Khan aangeprezen wordt.

Talloze expedities hebben naar het legendarische graf gezocht en buitenlandse archeologen gaven miljoenen dollars uit aan luchtfoto's, bodemscans en graafwerk. De expedities worden door de Mongolen in Khentii met gemengde gevoelens bekeken; in 2002 werd een Amerikaanse expeditie door herders weggejaagd, toen de archeologen meenden eindelijk het graf van Genghis te hebben gevonden. Veel Mongolen zeggen dat het zoeken naar het graf ongeluk brengt – omdat Genghis niet gevonden wil worden!

Op de steppe van Oost-Mongolië begrijp ik waarom de zoektocht zo moeilijk is. De heuvels strekken zich tot de horizon uit; de oostelijke steppe is een gebied waar een land als Nederland tientallen keren in past. Alleen vee dat vroeg in het jaar geboren is, maakt een kans om de strenge winters te overleven – en de voorgaande winters zijn ongekend streng geweest. Kadavers van koeien en paarden liggen her en der langs de weg. De beenderen zijn gebleekt in de zon, en flarden huid en haar hangen rond de ribbenkasten. Het moet een feest voor de gieren zijn geweest, die nu in het korte gras op de volgende winter wachten. De vogels zijn enorm en zweven soms seconden lang naast onze jeep, voordat ze loom het landschap in glijden.

Er staan allang geen verkeersborden meer, en zo nu en dan stoppen we bij een *ger* om de weg te vragen. 'GPS,' zegt Zaya, '*Ger Positioning System*', in een ironische verwijzing naar het Global Positioning System. Niet ver van de *ger* vind ik een nest van een gierenpaar, dat voornamelijk uit de ribben van een paard bestaat.

Zaya is in geen drie jaar in haar grootmoeders *ger* geweest en heeft haar dus ook niet kunnen laten weten dat ze komt. We hopen haar te vinden in het zomerkamp van de familie. Over een paar weken zal de familie de *ger* oppakken en naar een beschutte vallei reizen om daar de winter door te brengen.

Als we de vlakte van Delgerkhaan op rijden, blijkt de familie daar nog te verblijven. Het zomerkamp staat in een open vlakte, waar de wind vrij spel heeft en de glooiende heuvels geen enkele beschutting bieden. Tussen twee houten palen is een lijn gespannen om paarden aan vast te binden, bij gebrek aan bomen.

Binnen in de *ger* zit Dolom, Zaya's grootmoeder, op een van

Zaya's nichtje in Khentii (CIRCA / Tj. Halbertsma)

de bedden. Ze heeft hoge jukbeenderen en haar grijze haar is ge-schoren, zoals gebruikelijk is bij oude vrouwen op de steppe. In haar groene ogen hangt een mist van staar. Dolom is zevenen-tachtig jaar oud, ruim vijfentwintig jaar boven de gemiddelde leeftijd voor Mongoolse vrouwen. Ze heeft kromme benen van het paardrijden en een even kromme rug van de ouderdom.

'Ah, Zaya,' zegt ze kalm als ze haar kleindochter herkent, waarna ze aan Zaya's voorhoofd en wangen ruikt.

Zaya geeft haar de repen chocola die ze uit Ondorkhaan voor de familie heeft meegenomen, en de gebruikelijke broden en pakken biscuit, die minstens even welkome cadeaus zijn om-dat er op de steppe geen ovens zijn en er dus niet gebakken kan worden.

De *ger* is grauw van de rook die dag in dag uit door de tent trekt en de houten latten die het vilt dragen zijn vet van het schapenvlees dat doorgaans in een pot op de kachel staat te pruttelen. Het doek van de tent is gerepareerd en de houten vloer versleten. Er staan drie bedden waarachter kleurige doe-ken zijn opgehangen en een dekenkist met daarop plaatjes van de Dalai Lama en de Bogd Khan. Naast de afbeeldingen staat een gebedsmolentje en twee kaarsen voor foto's van overleden familieleden.

Zaya kijkt wat verlegen als ze de tent rondkijkt, en ik moet aan haar roze appartement in Ulaanbaatar denken. Net als in het huis van Zaya en haar moeder hangt er een soetraboek aan een van de latten van de tent, en naast de deur liggen zadels en een paardenhoofdstel. In het midden van de *ger* staat een ka-chel waarin gedroogde koeienvlaaien als brandstof worden ge-bruikt. De deksel kan ervanaf worden gehaald, waarna een grote ronde kookpot boven op de vlammen wordt gezet om melkthee in te koken.

De schoonzuster heeft zich in de andere *ger* snel omgekleed en komt in een nieuwe *deel* bij grootmoeder Dolom op het bed zitten, nadat ze een paar koeienvlaaien de kachel in heeft geschoven en een pan met water heeft gevuld.

'Normaal wordt er op de steppe maar twee keer per dag gegeten,' vertelt Zaya.

Maar nu wordt er soep gemaakt. Het is duidelijk dat Zaya zich ondanks alle jaren in Ulaanbaatar nog altijd thuisvoelt in de *ger* van haar grootmoeder. Ze gaat meteen aan de slag om een koolrabi te snijden, terwijl haar grootmoeder een stuk gedroogd vlees in reepjes snijdt. De linkerkant van de tent is zoals gewoonlijk voor de mannen gereserveerd, maar het kookgerei hangt aan de rechterzijde van de *ger*, waar alle vrouwenzaken te vinden zijn. Naast de messen en pollepels hangen repen vlees te drogen en staat een grote pot zelfgemaakte yoghurt. Zaya's schoonzuster schept een lepel yoghurt uit de pan, die ze in een linnen zakje doet en vervolgens uitknijpt. Melkkleurig vocht drupt langzaam maar gestaag uit het zakje en vormt de basis voor de schimmel waarmee in de volgende dagen nieuwe yoghurt gemaakt wordt.

Terwijl ze de koolrabi bewerkt, informeert Zaya naar het vee. 'We hebben in de vorige winter ongeveer dertig paarden verloren, en ruim vijftig koeien,' antwoordt Dolom, 'en zo'n dertig schapen.'

In strenge winters bezwijken de melkkoeien het eerst en de familie heeft nog maar veertien stuks over van wat voor de komst van de eerste *zud* in 2000 een grote kudde was.

En Dolom vreest het ergste: 'De zomer was erg warm en we hebben weinig regen gehad, het zal dus wel weer een strenge winter worden.'

Op de markt in Delgerkhaan zijn de veeprijzen gezakt; ook

hier wil niemand vee kopen na de voorspellingen dat het opnieuw een strenge winter zal worden.

Dolom heeft haar hele leven in een *ger* gewoond en is uiteraard ook in een tent geboren, in de winter van 1915. Er was geen dokter en een ouder familielid kwam helpen bij de geboorte.

'Nu kunnen de meeste herders naar een kliniek, maar vroeger werden we op een laag droge schapenmest geboren,' vertelt ze. 'We hadden geen houten vloer in de *ger* en woonden op een vloer van aangestampte aarde. Mijn vader schepte daarom schapenmest naar binnen. Het bloed en vruchtwater van de bevalling werd door de droge schapenmest opgenomen en daarna weer weggeschept.'

'Ha,' zegt Dolom terwijl ze me recht aankijkt, 'als de mensen uit de dorpen hier komen zijn ze bang dat hun kinderen in een koeienvlaai of in de schapenmest stappen. Ik ben op een berg schapenmest geboren!'

Terwijl de grootmoeder praat, komt een herder de tent binnen. Hij gaat op een van de bedden zitten en schenkt zichzelf een kom thee in. Er wordt geen woord gewisseld en een halfuur later stapt de man weer op en hoor ik hem op zijn paard wegrijden. Als ik later vraag wie de man was zegt Zaya simpelweg: 'Een herder die dorst had.'

'Vroeger waren er geen dorpen in Ondorkhan of grote groepen mensen die in *khashaa*s bij elkaar woonden,' vervolgt Dolom. 'Iedereen woonde ver van elkaar, om het vee de ruimte te geven. Er waren geen scholen, geen steden en er was geen partij. De enige plek waar veel mensen te vinden waren was het klooster.'

Dolom kan zich nog de eerste keer herinneren dat ze in de stad was, en huizen met twee verdiepingen zag. 'Overdag was het spannend in de stad, maar 's nachts had ik het benauwd. Ik kan me nog herinneren dat ik voor de eerste keer een trap op liep, ik moet begin twintig geweest zijn.'

Ik realiseer me plotseling wat een wereld van verschil de stad en het platteland voor haar moet zijn. In de steppen zijn er geen trappen, verdiepingen of ladders, laat staan een lift. Alles staat in een zee van ruimte direct op de grond en rond Delgerkhaan zijn er ook al geen bomen om in te klimmen.

Ik vraag haar naar de revolutie.

'Ik was te jong om de revolutie mee te maken, maar ik kan me herinneren dat er mensen gearresteerd werden en lama's geëxecuteerd werden. Maar het betekende ook dat er scholen gebouwd werden... Mijn kinderen kunnen lezen en mijn kleinkinderen kunnen nu naar de universiteit. Zaya is zelfs in andere landen geweest.'

Ze kijkt vragend naar Zaya. 'Frankrijk,' helpt Zaya haar herinneren.

Het is een argument dat ik keer op keer MPRP-politici heb horen gebruiken tijdens de verkiezingen van 2000.

Dolom houdt in haar hand een koord met bidkralen, die ze een voor een langzaam door de vingers laat glijden. Delgerkhaan ligt ver van zee – Mongolië heeft zelfs helemaal geen toegang tot de oceaan.

'Mijn vader was de gouverneur van Oost-Mongolië en gaf mijn moeder na hun huwelijk een gordel van bloedkoraal,' antwoordt Dolom als ik haar naar de bloedrode bidkralen vraag. 'Door de jaren heen heb ik de meeste kralen weggegeven, maar er zelf net genoeg gehouden voor mijn bidkrans.'

Ze kijkt naar alle honderd en acht perfecte kralen in haar verweerde handen. Zelf heeft ze, zoals de meeste Mongolen, nooit de zee gezien.

Mongoolse aristocratie onder de heerschappij van de Bogd Khan;
omstreeks 1920 (© NMMH).

'Vroeger hadden we hier mooie spullen,' zegt Zaya. 'Ik herinner me dat ze jaden haarkammen had en haarspelden met parels, en we dronken uit zilveren kommen. Nu is alles verkocht.'

Doloms vader heeft als gouverneur onder de Bogd Khan ge-
diend en toen hij naar Oost-Mongolië vertrok kreeg hij van de
heerser een snuifdoos van kostbare steen, *indranil*, met een
dop erop van rood koraal.

Zaya vertelt dat de snuifdoos nog altijd in de familie is en niet wordt verkocht, hoeveel hij ook waard mag zijn. 'Er was een man in Ulaanbaatar die er ooit een tweekamerappartement voor heeft geboden, maar het is goed dat we dat niet gedaan hebben.'

Zoals alle Mongolen heeft Zaya's familie een nieuwe familienaam moeten kiezen.

'De achternamen zijn belangrijk, zodat we weten aan wie we verwant zijn. Om "degeneratie" tegen te gaan,' zegt ze.

De familie van Zaya behoort tot de Borjigon, een volk uit het oosten van Mongolië, waartoe ook Genghis Khan behoorde, maar omdat veel families die naam al gebruikten besloot Zaya's vader zijn nakomelingen naar het gesteente van de snuifdoos te vernoemen – Indranil werd dus de nieuwe familienaam. Zaya heeft moeite het woord te spellen, als ik het wil opschrijven.

Ik vraag grootmoeder Indranil naar de Bogd Khan, maar ze herinnert zich niet veel van de khan en weet alleen nog dat ze acht jaar oud was toen hij overleed en dat haar ouders huilden. 'Als hij naar Mongolië terugkwam, zou dat goed voor ons zijn,' stelt ze.

Onvermijdelijk komt het gesprek op Genghis Khan en de buitenlandse expedities in Mongolië die naar het graf zoeken. 'Ik weet niet wat zij met het graf denken te moeten, als ze het al ooit zullen vinden,' zegt Dolom. Vervolgens slaat ze met haar handen op de knieën en zegt: '*Za*', ten teken dat het gesprek is afgelopen en er tot de orde van de dag moet worden overgegaan. De koeien moeten gemolken worden en binnenkort gaat de zon onder.

Als ik anderhalf uur later door de inktzwarte nacht naar een andere *ger* loop, hoor ik gehijg en gepuf. Voor de *ger* liggen drie kamelen te herkauwen. Hun kaken malen onverstoorbaar in de lichtbundel van mijn zaklamp en de bulten hangen scheef

Herder in Khentii (CIRCA / Tj. Halbertsma)

naar één kant. Het zijn enorme dieren, en in de avondkou kan ik de warmte van de lijven voelen. Het is windstil, maar de steppe is vrijwel meteen na zonsondergang afgekoeld en de heldere sterrenhemel voorspelt een koude nacht. Ik trek het oranje deurtje van de *ger* achter me dicht en ga met kleren en al in bed liggen.

Vanuit mijn bed kan ik in het kaarslicht de oranje spijlen zien die het tentdoek dragen en vanaf de zijkanten van de *ger* naar de ronde *toono*, een opening in de nok van de tent, lopen. Als de kaars is uitgeblazen, zie ik door de *toono* de sterren boven de steppe staan, totdat Zaya's broer opstaat en buiten een flap van vilt over de opening trekt.

'Het is alweer koud,' zegt hij als hij weer binnenkomt, 'de winter komt eraan.'

Het is de laatste nacht van augustus.

De volgende morgen staat Zaya's schoonzuster met een pollepel voor haar *ger*. Ze werpt paardenmelk in de vier windrichtingen, als een offer voor de nieuwe dag. In Ulaanbaatar heb ik het mijn buren dagelijks zien doen, alleen stonden zij op het balkon van hun flatje en gebruikten zij thee bij gebrek aan paardenmelk.

Naast de *ger* slachten Zaya en haar broer Bold een schaap. Het dier ligt met wijd opengesperde ogen op zijn rug terwijl Zaya de poten vasthoudt. Bold maakt een klein sneetje onder het borstbeen van het schaap, laat zijn arm tot aan de elleboog in het dier verdwijnen om de aorta dicht te knijpen, waarna het schaap met een paar trappende bewegingen sterft. In hoog tempo maakt Bold nog een paar andere sneetjes in de huid die hij er vervolgens met veel gemak afstroopt. Het gevilde dier is nog warm en ligt te dampen in de ochtendkou. De honden hebben zich om het karkas verzameld, maar Dolom houdt ze met gesis en af en toe een schop op afstand. Ingewanden en organen worden uit de romp getrokken en in een pan gelegd en het bloed dat inmiddels de maag gevuld heeft, wordt met een kommetje uit het dier geschept. Grootmoeder Dolom spoelt ondertussen de darmen schoon. Er komen liters ontlasting uit het dier, die door een van de honden opgelikt wordt. Het schapenvlees wordt op het dak van de *ger* in de zon te drogen gelegd en zal later met de huid mee naar Ulaanbaatar genomen worden. Behalve een paar botten wordt alles van het dier gegeten of benut. Dolom wijst me op de gewrichtsbotjes in de poten van het schaap die ze zal uitkoken en die als bikkels worden gebruikt.

Bold noch Zaya heeft tijdens het slachten een spat bloed op de kleren gekregen.

Na een uur, als het vlees droog is, nemen Zaya en haar broer afscheid van hun grootmoeder. Dolom ruikt weer even aan het voorhoofd en de wangen van haar kleinkinderen, ik krijg een hand. Voordat ze de jeep instapt kust Zaya de kinderen gedag.

'Goed vaak je handen en gezicht wassen,' zegt ze tegen de haveloze kinderen, die in geen weken een bad gezien hebben.

'*Za*,' klinken de kinderstemmen.

We hebben ruim twee uur over de steppen gereden als Zaya's broer Bold in de heuvels een bekende van hem opmerkt. De man loopt met grote stappen door het steppegras, maar stopt als de auto van richting verandert en naar hem toe komt rijden. Hij is van top tot teen in het wit gekleed en draagt bovendien een wit hoedje waarop twee rechtovereind staande oortjes zijn gestikt. In zijn hand heeft hij een kwast met lange slierten yakhaar. Hij ziet er op de steppen van Mongolië op zijn minst excentriek uit. De vriend van Bold is een marmottenjager. Over zijn schouder draagt hij een oud geweer, twee hondjes houden hem gezelschap. Desgevraagd doet hij voor hoe hij op zijn buik in het gras ligt, het geweer voor zich in zijn ene hand en in de andere hand de kwast met yakhaar die hij lokkend boven zijn hoofd heen en weer zwaait.

'Marmotten zijn nieuwsgierig,' vertelt Zaya, 'ze kunnen het niet nalaten om te komen kijken wat de bewegende slierten zijn, en door de oortjes die boven het gras uitsteken denken ze dat er een dier ligt.'

Als de dieren dan op hun achterpoten gaan staan wordt hun nieuwsgierigheid ze noodlottig. 'Curiosity killed the marmot,' zegt ze.

Het is riskant werk, want sommige marmotten zijn besmet met de pest, maar het vlees smaakt uitstekend en de huiden kunnen worden verkocht om er bontjassen van te maken. Ik heb de jassen 's winters vaak in Ulaanbaatar gezien. Terwijl Bold en de jager verhalen uitwisselen, komt een tweede jager te paard naar ons toe. Aan zijn zadel hangen zeven geschoten knaagdieren en in zijn hand houdt hij de teugels van het paard van zijn metgezel. Bold knijpt eens flink in de dieren en knikt goedkeurend. De twee jagers besluiten dat het te laat en te warm is om nog meer marmotten te schieten en rijden weg met de hondjes in hun spoor. De oortjes op het hoedje van de man zijn nog minuten lang te zien, totdat het tweetal achter een heuvel verdwijnt.

Bold heeft van de jagers een marmot gekregen en stelt voor het dier te bereiden. 'We villen hem en wikkelen het vlees met hete stenen in het vel, waarna we hem roosteren,' zegt hij watertandend.

Hij heeft het diertje met een haak door de bovenlip achter op de jeep gehangen. Het is met zijn ruim zestig centimeter een vet exemplaar. Na een paar incisies wringt hij de ingewanden uit het dier, alsof hij een tube tandpasta leegknijpt, waarna hij zijn arm in het dier steekt en de marmottenhuid binnenstebuiten trekt. Als hij klaar is, stopt hij het vlees met een hand zout in het vel terug en schudt hij het geheel eens goed door elkaar. Het karweitje heeft nog geen tien minuten geduurd.

'Za,' zegt hij goedkeurend.

Dan loopt hij naar een beekje. Zoals gebruikelijk wast hij zich niet in de beek zelf, maar vult hij een fles en wast hij zijn handen op ruime afstand van het water.

'Schoon water is belangrijk in Mongolië,' zegt Zaya. 'Op de steppe wast niemand zijn handen, kleren of pannen direct in de rivier.'

We rijden verder, de berg ingewanden op de weg achterlatend voor de gieren. Door de achterruit zie ik de haveloze vogels zich op het vlees storten.

Bij een brug op de provinciegrens tussen Khentii en Töv wordt de auto bij een slagboom door een soldaat aangehouden. Het is een van de eenzaamste plekken die ik onderweg gezien heb – ik vraag me af hoeveel verkeer er langskomt en voor afleiding zorgt... De slagboom staat verloren in het landschap, maar de brug dirigeert alle verkeer naar de wachtpost, waar auto's en vrachtwagens gecontroleerd worden.

Als we dichterbij komen, blijkt de soldaat een vrouw te zijn in een camouflagepak van steppekleuren, haar lippen zijn bloedrood gestift en haar lange nagels lavendelpaars. Als ze me vraagt uit de auto te komen ruik ik een vleugje parfum. Ze blijkt Shureetsetseg ofwel 'Koraalbloem' te heten. Koraalbloem bewaakt met haar collega de brug en woont met een enkele andere soldaat in een barak die verlaten in het landschap staat. Koraalbloem en de witte marmottenman zouden een mooi stel vormen, bedenk ik me, terwijl ze de achterklep van de auto opent.

Vrijwel alle bruggen in Mongolië hebben een slagboom en een bemande wachtpost, die nog uit de tijd stammen dat alle verkeer door de staat beheerst werd. Nu worden de slagbomen gebruikt om de verspreiding van ziekten, zoals mond-en-klauwzeer, tegen te gaan. Op sommige punten moet de auto door een bad van chemicaliën rijden om bacteriën aan de banden te doden; bij groot gevaar voor infectie moeten de auto en inzittenden zelfs in het gebied blijven totdat de quarantaine is opgeheven. In de zomer van 2000 waren er in Ulaanbaatar hele wijken en straten door de mond-en-klauwzeerepidemie afgesloten. Bewoners mochten de wijken wel in, maar ze daarna niet meer uit.

'De marmot,' fluistert Zaya veelbetekenend, terwijl Koraalbloem de auto doorzoekt en ik moet aan de builenpest denken. 'En we hebben de huid van het geslachte schaap bij ons.'

Maar Koraalbloem geeft een bevrijdend seintje aan haar collega, die de slagboom langzaam ophaalt. 'Freedom!' roept de chauffeur als hij onder de boomstam doorrijdt. Koraalbloem zwaait als we wegrijden.

De familie Parker in Dzungaria

'[They] all, without exception, wear the secular dress of the
people, and bear no outward sign of
their religious character.'
E. Huc en J. Gabet, *Travels in Tartary, Thibet and China*
(1851)

In het vroege voorjaar koop ik een treinkaartje van Ulaanbaatar naar Peking. Op het perron staan Mongolen hun familieleden en vrienden uit te zwaaien. De passagiers zijn voornamelijk handelaren en studenten die in China gaan studeren, maar in mijn couchette zit ook een Mongools acrobatenechtpaar dat nota bene op weg is naar Nederland voor een optreden.

'Ik vang, zij vliegt,' zegt de man in gebrekkig Duits. De vrouw heeft inderdaad sterke schouders en gespierde armen, en ook de torso van haar man is indrukwekkend. Het paar heeft hun pasgeboren baby bij een grootmoeder in Ulaanbaatar achtergelaten en zal het kind pas een seizoen later weer zien.

Circusartiesten, acrobaten en slangenmensen zijn lang een belangrijk 'exportproduct' van Mongolië geweest en het echtpaar heeft al eerder voor een circus in België gewerkt.

'Toet ziens,' zeggen ze, als ik de couchette uitstap om een wandelingetje door de trein te maken.

Een wagon verder kom ik een groep westerse kinderen tegen. Eerst denk ik dat het om een schoolreisje van de internationale school uit Ulaanbaatar of Peking gaat, totdat ik me realiseer dat hun leeftijden te veel uit elkaar liggen. Alle kinderen hebben de achternaam Parker. De familie is op weg naar Peking om in de Chinese hoofdstad hun Mongoolse visa te verlengen.

De familie Parker heeft negen kinderen tussen de twee en achttien jaar oud. De jongens hebben Kazak-petjes op het hoofd en de meisjes hebben het haar in lange vlechten en dragen rokken. Veel kinderen hebben bijbelse namen zoals Adam, Ruth, Benjamin, Noah en Luke, en er is ook een meisje dat Charity heet. In hun couchette staat een enorme aluminium ketel waar elf koppen thee uit geschonken kunnen worden en er ligt een berg slaapzakken, kleren en broden.

De Parkers blijken overtuigde christenen te zijn en wonen in Bayan-Ölgii, de meest westelijke provincie van Mongolië. Het gebied is zo dun bevolkt en afgelegen dat zij Postbus no. 3 als adres hebben. Hoewel het echtpaar Gisela en Patrick Parker zich niet als missionarissen of zendelingen voorstelt, wordt het al snel duidelijk dat hun christelijke overtuiging hen naar deze uithoek van Mongolië heeft gebracht. Zij komt uit Groningen, hij uit Amerika, waar ook de oudste kinderen geboren werden.

'Dertien jaar geleden werden we naar Centraal-Azië geroepen,' legt Gisela uit. Patrick was ooit een veelbelovend natuurkundige die aan een gerespecteerde Amerikaanse universiteit studeerde en door zijn professor bij een satelliet- en ruimtevaartconglomeraat aanbevolen werd, waar hij vervolgens als coördinator werkte met organisaties als Hughes, Rockwell International en NASA. Nu geeft de natuurkundige in Bayan-Ölgii Engelse les aan twaalf studenten; kinderen van herders uit een van de armste gebieden van Mongolië. De familie is niet door een kerk uitgezonden en heeft dus geen vast inkomen, maar leeft van donaties en giften van vrienden en sympathisanten.

Het huis van de Parkers ligt aan de grens van het voormalig koninkrijk van Dzungaria. Het is een van de meest barre regio's van Centraal-Azië met temperaturen die tot min veertig graden Celsius kunnen zakken, waar water schaars is en af-standen niet meer in kilometers maar in dagreizen gemeten worden. In het gebied wonen voornamelijk Kazakken, die zich met hun eigen taal, moskeeën en blokhutten van de boeddhistische Mongolen onderscheiden. De elektriciteit komt uit Russische centrales en wordt zo nu en dan afgesloten als Ulaanbaatar de rekening niet betaald heeft. Het is geen makkelijke plaats om een gezin met negen kinderen groot te brengen, maar als de Mongolen dat kunnen, kunnen zíj het ook, zo redeneren de Parkers.

Thuis op hun boekenplank staan de bijbel, een boek met de titel *Where there is no doctor* en een medisch handboek over zwangerschap en bevallingen.

In het jaar na onze eerste ontmoeting, zie ik de familie Parker regelmatig tijdens hun bezoeken aan Ulaanbaatar. Ik weet nooit wanneer ze zullen komen, maar met negen kinderen in het kielzog zijn zij op straat moeilijk te missen. Na het werk wandel ik naar hun hotelletje en vraag ik aan de receptie waar de familie met de negen kinderen is. De Parkers huren dan een eenvoudige tweepersoonskamer, en tijdens het eerste bezoek vraag ik me dan ook af waar iedereen moet slapen en of dat misschien per toerbeurt gebeurt. De enorme aluminium thee-pot staat steevast op tafel en de kinderen zitten op de bedden, op schoot of in de vensterbank.

Iedere keer als ik het hotelletje uitloop, ben ik wat verbijsterd over het bestaan van de Parkers, maar ook door de vanzelf-sprekendheid waarmee zij hun leven leiden. Hun bestaan doet me denken aan de missionarissen en zendelingen die vanaf de negentiende eeuw door China en Mongolië trokken en bij te-rugkeer beschreven hoe hun kinderen aan ziekten en oorlog bezweken. Ook de Parkers hebben in Centraal-Azië een kind verloren. En toch is de familie Parker geen ouderwetse familie. Op een avond zie ik de oudste zoon Adam met een laptop in de weer, waarop hij boeken van het internet haalt waarvan de auteursrechten zijn verlopen. 's Avonds leest hij klassieke verhalen van Charles Dickens, Shakespeare en Jules Verne vanaf het beeldscherm aan zijn broers en zusjes voor.

Tijdens bezoek na bezoek leer ik meer over hun bestaan in Bayan-Ölgii en als ik voorstel om hen daar op te zoeken, wordt dat aangemoedigd. 'Je bent dan de eerste gast van ver die ons speciaal in Bayan-Ölgii komt opzoeken,' zegt Gisela.

Twee jaar na onze eerste ontmoeting boek ik eindelijk een vliegticket naar West-Mongolië en probeer ik de Parkers te bereiken. Normaal gesproken neem ik per e-mail contact op met de familie. De berichten worden eens in de zoveel tijd in het minuscule hoofdstadje van Bayan-Ölgii opgepikt, maar in de winter van 2001 krijgen ze een eigen telefoonlijn. Het gezin kan vanaf dat moment gebeld worden, met name in de morgen als de lijn goed werkt.

Met hun adres 'Postbus nr. 3' in gedachten, ben ik wat teleurgesteld dat het telefoonnummer maar liefst uit vijf cijfers bestaat.

Als ik bel neemt Patrick Parker de telefoon aan, op de achtergrond klinken fluisterende en opgewonden kinderstemmen. De telefoon gaat niet heel vaak in het gezin Parker, en als er gebeld wordt is dat meestal van ver. Gezien de afstand en het archaïsche telefoonverkeer in Mongolië – waarbij in het postkantoor van de hoofdstad een dame met hoofdtelefoon dikke zwarte kabels met pluggen in een metalen switchbord steekt – is de lijn wonderbaarlijk helder. Patrick omschrijft hoe ik hun huis kan vinden en ik vraag wat ik uit Ulaanbaatar naar deze uithoek kan meenemen.

'Beddengoed,' antwoordt Patrick, 'we hebben geen bedden, we slapen op de grond.'

Dat is niet wat ik bedoel, maar het is goed om te weten. Na enig aandringen van mijn kant vraagt Patrick aan Gisela of de familie nog iets nodig heeft. Er blijkt onder meer geen bladgroente en kaas in Bayan-Ölgii verkrijgbaar te zijn. Ik herinner me dat Patricks jongste dochter Charity een zeldzame allergie heeft waardoor zij geen graan of meelproducten mag eten, en vraag wat ik voor haar kan meenemen.

'Misschien een paar kaneelstaafjes voor in de pap,' zegt Patrick en hij spelt het Russische woord voor 'kaneel' omdat dat hier waarschijnlijk moeilijk te vinden zal zijn.

In Ulaanbaatar vraag ik een vriend die net uit Bayan-Ölgii is teruggekomen, wat hij daar wel en niet heeft kunnen kopen. Behalve aardappelen, uien en penen blijkt er maar weinig in Bayan-Ölgii te zijn. Uiteindelijk zit ik met rozijnen, kaneel, paprika's, selderie, prei, salami, een halve kaas en repen chocola in het vliegtuigje, dat met een tussenstop in Tosontsengel naar Bayan-Ölgii vliegt. Om me heen zitten Kazakken en Mongolen met soortgelijke bagage en in het vrachtruim van het vliegtuig ligt een bevroren schaap op een lading dozen met appels en komkommers uit China. Buiten gooit iemand een lijn over het vliegtuig die aan de andere kant door een tweede man wordt opgevangen. Vervolgens trekken ze de lijn over het vliegtuig strak en lopen de mannen vanaf de cockpit naar de staart van het toestel om met de lijn de plakken ijs van het toestel af te schuiven. Als de ijssneeuw van de vleugels is geveegd rijden we langzaam de startbaan op.

Het toestel vliegt laag en door de grote ronde ramen van de Antonov 24 zijn de enorme besneeuwde pieken van het Altaigebergte te zien. Zo nu en dan verraadt een zwarte plek in de sneeuw dat er aan de voet van het gebergte een familie in een *ger*-tent woont.

Ölgii, de provinciale hoofdstad van Bayan-Ölgii, heeft een klein vliegveldje en drie keer per week scheert een Russisch vliegtuig over het stadje dat dan plotseling tot leven komt. Kazakken springen op hun paarden of in hun Russische jeeps en racen naar de landingsbaan om familie en vrienden te verwelkomen en post of goederen uit de grote stad op te halen. Vervolgens klimmen de passagiers voor Ulaanbaatar met hun tassen de Antonov in en nog geen uur later, als het vliegtuig in een wolk van stof is opgestegen, daalt de rust weer over het stadje neer.

Patrick staat al bij het ijzeren hek van het vliegveldje te wachten naast een motorfiets met zijspan waarop 'taxi' geschilderd is. Hij heeft een enorme bontmuts op en klimt achter de bestuurder op de motorfiets, terwijl ik me met mijn tas vol groentes in het zijspan wring.

Moskee in Ölgii
(CIRCA /
Tj. Halbertsma)

De motor hobbelt over de wegen en slingert vervaarlijk om gaten in het wegdek te vermijden. We rijden langs een azuurblauwe moskee naar het hoogste gebouw van Bayan-Ölgii, dat welgeteld vijf verdiepingen heeft en ooit voor legerofficieren en communistische kaderleden gebouwd werd. De Parkers wonen in een zandgeel gebouw ertegenover, dat pas vijf jaar oud is, maar door het extreme klimaat en de slechte bouw nu al in verval is geraakt. Grote plakken cement zijn uit de gevel komen vallen en de betonnen treden in het trappenhuis zijn kapot gelopen.

'Eigenlijk wilden we in een *ger* of blokhut in de steppe wonen,' vertelt Patrick, terwijl we door het trappenhuis over de gebarsten tegels omhooglopen, 'maar de overheid gaf ons geen toestemming. Nu hebben we een appartement gehuurd van een familie die voorgoed naar Ulaanbaatar is vertrokken.'

De huur is nog geen veertig dollar per maand. Binnen wacht Gisela Parker met de negen kinderen. Het appartement is klein en vol, maar stukken beter vergeleken met de tijd dat de Parkers in Bayan-Ölgii aankwamen. Er is inmiddels elektriciteit en er is een kookstel met twee pitten; Gisela laat een zwartgeblakerde hoek in de keuken zien waar ze in het eerste jaar op hout en kolen kookte. Nu ligt er een zak meel en een berg uien. Er is met negen kinderen geen wasmachine, geen stofzuiger, geen oven, laat staan een vaatwasmachine of ijskast. In plaats daarvan ligt er op het balkon een stuk bevroren koe waar vlees van wordt afgehakt, in de badkamer staat een teil met een houten wasbord en een stuk zeep. De kinderen hebben allemaal een huishoudelijke taak gekregen.

Het is precies zoals het merendeel van de Mongoolse families leeft – behalve dat er maar zeven paar schoenen zijn voor negen kinderen. De kinderen gaan om de beurt naar buiten en het jongste meisje stapt in de veel te grote schoenen van haar oudere zus over straat.

In het keukentje staat een radiootje waarop voornamelijk ruis is te horen en er is geen tv om ander nieuws op te vangen. Ik vraag of de kinderen die niet missen. 'Nee,' luidt het in koor, maar Benjamin van veertien lijkt te weifelen. 'Ik zou wel zo'n zwarte doos willen, die sommige mensen ónder hun tv hebben,' zegt hij, en als niemand hem begrijpt voegt hij eraan toe: 'Zo'n zwarte doos, waar je van die vierkante, plastic dingen in doet.'

'Een video?' vraag ik.

'Ja!' zegt Adam, die met zijn achttien jaar het oudste kind van de Parkers is. 'Volgens mij heet dat een videoapparaat!'

'Hmm, video? Ik weet het niet,' overweegt Benjamin, maar daarna zegt hij: '*Video*, dat betekent "ik zie" in het Latijn.'

Ik vraag de kinderen of ze allemaal Latijn leren, en na enige aanmoediging dreunt Joel van vier een rijtje Latijnse grammaticale vervoegingen op. Er is niets van te verstaan, totdat dertienjarige Ruth ter verduidelijking de Latijnse vervoeging van het werkwoord 'liefhebben' opzegt.

Geen van de kinderen gaat naar school, ze leren allen thuis. 's Ochtends komen de boeken tevoorschijn: wiskunde, Latijn, natuurkunde, taal, Griekse oudheid, maar ook bijbelstudie, die bestaat uit zowel het lezen als het vertalen van bijbelteksten. Hun gecombineerde talenkennis is groot: er wordt Mongools, Chinees, Kazak, Russisch, Engels, Latijn, Nederlands en Turks gesproken.

Sinds het uiteenvallen van de Sovjet-Unie wordt Centraal-Azië overspoeld door westerse zendelingen en missionarissen. Mormonen, adventisten, katholieken, *new-born christians* en volgelingen van andere denominaties zijn inmiddels overal in de hoofdstad en vaak ver daarbuiten te vinden. Omdat actieve missie in Mongolië verboden is, worden behalve kerken ook andere initiatieven als taleninstituten, hulpprogramma's en studie-uitwisselingen opgezet waar wel degelijk missie en zending bedreven wordt. In 1998 zocht de toenmalige Mongoolse premier tijdens een bezoek aan Amerika naar financiers voor een nieuw televisiestation, maar alleen een christelijke organisatie was geïnteresseerd. Het resultaat was Eagle TV, een Mongoolse zender die behalve korte fragmenten van ESPN en CNN ook zondagsprogramma's uitzendt, waarbij Amerikanen in glimmende trainingspakken de kracht van hun god demonstreren door een stapel bakstenen doormidden te slaan. 'Give me power, Lord, to crush those bricks!' wordt er geroepen, en: 'Holy Ghost Power!'

De Parkers, die geen tv hebben, zeggen dat er andere manieren zijn om hun geloof uit te dragen en de ouders leggen uit dat zij als christenen als voorbeeld voor hun omgeving proberen te leven. Patrick vertelt dat dat betekent dat hij bijvoorbeeld geen sterke drank drinkt omdat hij het een slecht voorbeeld vindt.

'Maar ik denk niet dat de bijbel alcohol verbiedt,' zegt hij, 'we zijn eenvoudigweg christenen, waar we ook zijn. We leven in Centraal-Azië omdat we merken dat God wil dat we hier zijn en proberen als christenen en als voorbeeld te leven voor onze omgeving en onze kinderen.'

In de vijf dagen dat ik bij de Parkers logeer, wordt er inderdaad regelmatig op hun deur geklopt, maar de meeste bezoekers vragen of de familie kleren, geld of voedsel heeft. De Parkers zijn gul, ook als zij zichzelf daarmee iets ontzeggen, maar ik vraag me ook af of het sobere bestaan dat zij leiden wel zo aantrekkelijk is voor de Kazakken die in het straatarme Bayan-

Ölgii wonen. Sinds de Parkers in Bayan-Ölgii verblijven, is er dan ook nog niemand tot het christendom bekeerd.

'Ik denk dat er hier twaalf andere christenen wonen,' antwoordt Patrick als ik hem daarnaar vraag, 'evenveel als toen we hier aankwamen.'

In het stadje waar de Parkers wonen staan acht moskeeën, maar er is inderdaad geen kerkje te vinden.

In de middag laten de kinderen en Patrick hun stadje zien. We wandelen naar de rivier en bezoeken de markt, die hier *bazaar* heet en waar voornamelijk zeep, auto-onderdelen en stapels boeken van Lenin verkocht worden. Buiten de *bazaar* staan veehandelaren met hun schapen die voor vijftien dollar worden aangeboden. De strenge winter heeft de prijzen gedrukt en de dieren staan er haveloos bij. Tegenover de ingang van de markt staan tientallen biljarttafels in de winterzon opgesteld, en drommen spelers buigen zich over de felgroene lakens. Vanaf het pleintje zijn in iedere richting de machtige pieken van de Altai-bergen te zien.

Ik vraag de kinderen hoe ze hun dagen vullen en Benjamin zegt: 'Wij leren de Kazakken Engels, zij leren ons wol spinnen, of geiten melken.' En hij vertelt enthousiast hoe hij op een dag regelrecht uit de uiers dronk. De kinderen Parker zijn uitgesproken en vertellen een voor een wat ze willen worden; dokter in India, leraar in Mongolië of bijbelvertaler. Jeremy van vier zegt resoluut 'piloot in China' en vertelt dat zijn grootvader dat ook was.

Als we een uur later in het appartement terugkomen, vraagt Noah zijn moeder een rauw knoflookteentje om op te kauwen. Ook de andere kinderen moeten er wat om lachen, maar Noah kauwt er onverminderd op los.

Twee van de kinderen Parker doen hun huiswerk in de keuken (CIRCA / Tj. Halbertsma).

School begint de volgende dag om zeven uur. Benjamin en Jeremy zitten op de knieën voorovergebogen met hun schriften op de keukenvloer te schrijven. Charity heeft een krukje weten te bemachtigen en heeft een leitje op haar schoot. Twee andere kinderen hebben een tienliterpan met gierstepap opgezet en doen de afwas.

We ontbijten aan een kleine tafel; ik zit met de ouders op een bank, de kinderen op hun knieën op de vloer. Patrick leest voor uit de bijbel. Nadat de gierstepap met kaneel is opgeschept wordt er gebeden. Er wordt veel gebeden in het Parkerhuishouden, heel veel, en de Parkers zijn praktische bidders. Ze bidden voor Adam en Luke die kinkhoest hebben en voor een goede nachtrust voor de anderen, nadat hun hoesten iedereen wakker heeft gehouden. Op een ander moment heeft Patrick op de krakende radio opgevangen dat president Bush in China is en bidt het gezin voor Bush en zijn familie, voor Dick Cheney, Rumsfelt en Ashcroft. Patrick bidt dat zij wijsheid mogen ontvangen.

De Parkers zijn geen lid van een Amerikaanse politieke partij, maar voelen zich het meest verwant met de Republikeinen omdat die uitgesproken tegenstanders van abortus zijn. Patrick is alleen bang dat Bush iets te 'triggerhappy is' in het Afghanistan-conflict, en later wordt er voor de bevolking van Afghanistan gebeden.

De familie Parker heeft een rotsvast vertrouwen in wat zij 'Gods plan' noemen.

'Door langdurig gebed proberen we te begrijpen welk plan de Heer voor ons heeft,' zegt Gisela.

'Als we geen geld hebben is dat de intentie van de Heer, maar oplossingen komen er altijd. We hebben bijvoorbeeld nooit écht honger gehad,' zegt Gisela veelbetekenend. Wel heeft de familie benarde dagen doorgemaakt. Jaren geleden, voordat de jongste kinderen geboren waren, was er geen geld om eten te kopen. 'Maar de Heer zorgde ervoor dat er voor ons huis een abrikozenboom stond zodat we twee weken lang abrikozen aten en toen kwam er een donatie,' zegt Gisela alsof het de gewoonste zaak van de wereld is. Ik stel me de familie voor, de kinderen kauwend achter een grote berg abrikozen, dag na dag, week na week. 'Ziekte is een risico,' beaamt ze, 'maar in het Westen lopen de kinderen ook risico's, al zijn die meestal van andere aard.'

Om halfacht 's avonds is het tijd voor de meeste kinderen om te gaan slapen. De Parkers slapen allemaal in één kamer. In de voorkamer veegt Charity de vloer, worden matjes en tapijten uitgerold en komen koffers met dekens tevoorschijn. Als iedereen een plaats gevonden heeft is de vloer bezaaid met kinderen in pyjama's. Luke is op zijn favoriete plaats onder een tafeltje gaan liggen en Adam leest, ondanks zijn kinkhoest, vanaf het beeldscherm van zijn computer de kinderen voor. Buiten vriest het dat het kraakt.

De volgende dag maken we plannen om naar het oosten van Bayan-Ölgii te gaan, waar Turkse sculpturen uit de zevende eeuw te vinden zijn die ik altijd al heb willen zien. We huren een busje waar iedereen in kan, een Russische UAZ, en zullen in de avond, als Patrick zijn laatste les van die week heeft gegeven, door het voormalige Dzungaria naar Bagaannuur in het oosten van Bayan-Ölgii rijden.

De morgen voor ons vertrek heeft Gisela echter een voorgevoel dat het een slechte dag is om te reizen: ze vindt de kinderen erg druk en vertelt dat dat toch vaak betekent dat er slecht weer op komst is. 'Ik ben bang dat het te riskant is,' zegt ze.

Het echtpaar besluit dat alleen Patrick en ikzelf zullen gaan en Gisela is onverbiddelijk als ik voorstel de oudsten toch mee te nemen. Hoewel de kinderen, die nooit eerder in het oosten van Bayan-Ölgii zijn geweest, teleurgesteld zijn, wordt er niet geklaagd. Alleen de negenjarige Noah speelt dat hij toch mee op reis gaat.

'Wat moet ik meenemen?' vraagt hij me, terwijl hij een plastic zak die een koffer moet voorstellen volpakt.

Adelaar van Aralbay (CIRCA / Tj. Halbertsma).

Ik heb wel met hem te doen, maar na het avondeten stappen alleen Patrick en ik in het busje. Het is een heldere nacht waartegen de bergen als inktzwarte contouren afsteken, en het vriest ruim twintig graden. Het lege busje rijdt over de bevroren rivierbedding naar Dzungaria. Dzungaria... ik proef de naam als ik die uitspreek, en verwonder me dat alle namen van het oude Mongolië zo eindeloos ver weg en mooi klinken: Dzungaria... Urgaa... Karakoram... Ulaangom... Uliastai.

Als Patrick en ik de volgende avond thuiskomen, word ik overstelpt met vragen. Ik vertel de kinderen dat we in de eerste nacht in het nieuwe huis van Aralbay sliepen, een Kazak die bij onze aankomst 's nachts zo dronken was dat hij zich de volgende morgen daarvoor verontschuldigde door een nieuwe fles wodka open te draaien en prompt op een hernieuwde gastvrijheid te drinken. Ik realiseer me dat wodka wellicht geen geschikt onderwerp is en ga maar snel over op de adelaar die we in zijn huis aantroffen.

Aralbay, wiens naam 'Rijk Eiland' betekent, jaagt nog met een adelaar. Het dier zit met een leren kap over de kop in het voorportaal van de blokhut waar de familie de winter doorbrengt. Het is een kolossale vogel met grote klauwen en een enorme snavel, als een kromme dolk.

's Morgens word ik wakker door de scherpe roep van de adelaar. 'Ieeeee, ieeee,' klinkt de ijselijke kreet uit het voorportaal, maar niemand lijkt er acht op te slaan.

Aralbay vertelde lachend hoe de vrouwen hun baby's naar binnen brengen als hij met zijn adelaar op de arm naar buiten komt. Later zegt hij dat als ik de adelaar wil zien vliegen en met hem wil jagen, ik maar in oktober moet terugkomen, als het jachtseizoen geopend wordt.

Aan tafel zit de schoonvader van Aralbay. Zoals veel mannen in West-Mongolië heeft hij staalblauwe ogen en een rond petje met goudstiksels op het hoofd, zoals ook de kinderen Parker dragen. Hij heet Ramadan in een verwijzing naar de islamiti-

135

sche vastenperiode waarin hij geboren werd. Zijn familie komt oorspronkelijk uit Xinjiang, China's meest westelijke provincie en het voormalige Oost-Turkestan, maar door de burgeroorlog trok zijn gezin in 1935 de grens van Mongolië over en vestigden zij zich met hun vijfjarige zoon in Dzungaria.

Buiten staat het UAZ-busje bij een lemen muur geparkeerd, waar ook een enorme harige yak beschutting heeft gezocht tegen de winterwind. We zitten op 2700 meter hoogte en hoewel het met min achttien graden nog niet koud is voor de tijd van het jaar, moet er in de vroege middag een vuurtje onder het motorblok worden gestookt om hem aan te kunnen slingeren.

De kinderen Parker luisteren aandachtig naar de verhalen, waarna Jeremy, die later piloot wil worden, zijn broers en zusjes met uitgestrekte armen de vlucht van een adelaar voordoet. Rebecca, de oudste dochter, zit met Luke op schoot, die naar de draad vanaf haar spintol graait. Voor hen ligt een enorme berg witte en bruine schapenwol.

Op de laatste dag van mijn bezoek aan de familie Parker wandel ik door het stadje en maak ik een praatje met een groepje Kazakken die langs de hoofdstraat takkenbossen verkopen en Duits blijken te spreken. De mannen en vrouwen proberen zich warm te houden door op de grond te stampen of van het ene been op het andere te wiegen in de waterige winterzon. Iedereen weet dat ik bij de Parkers logeer.

Ik vraag of de verkopers weten waarom de Parkers naar Bayan-Ölgii zijn gekomen en hun bestaan in het Westen hebben achtergelaten. Een van de vrouwen oppert dat de Parkers christenen zijn, en dat er ook veel andere christenen naar Mongolië gekomen zijn, maar een andere vrouw valt haar in de rede. 'Met zoveel kinderen moet het te zwaar zijn om in het rijke westen te wonen,' zegt ze, 'Mongolië is een arm land, voor hele arme mensen.'

'Maar we zijn blij dat ze hier zijn,' vervolgt de vrouw, die zelf twee kinderen heeft.

Na mijn bezoek aan de Parkers krijg ik nog regelmatig e-mail waarin ze mij oproepen om te bidden voor vrienden in nood, of ook voor een veilige reis als zij zelf naar Ulaanbaatar vertrekken. Op de meest benarde dagen wordt het verzoek gevolgd door een rij aandachtspunten, waarbij de zaken waarvoor gevraagd wordt te bidden nog eens kort worden opgesomd en samengevat.

In maart 2002 komt er een brief van Gisela. Het gezin heeft vliegtickets naar Amerika weten te bemachtigen om de moeder van Patrick te bezoeken, die ziek is.

'Gezien de lage prijs moet dit wel een heilige interventie zijn geweest,' schrijft Gisela in een van haar laatste berichten.

In Amerika wordt de familie in quarantaine gezet, nadat de autoriteiten gealarmeerd zijn door het feit dat de kinderen en Gisela kinkhoest hebben.

De e-mails met aandachtspunten verschijnen regelmatig in de mailbox en vanuit Mongolië zie ik Benjamin, Noah en Charity door de ramen een land bekijken dat zij nauwelijks kennen, maar niet in mogen.

Dan komt er een jubelende e-mail, de familie is weer vrij om te gaan en staan waar zij wil en heeft besloten om in een busje door Amerika te gaan trekken. Onderweg zullen ze door veel te bidden Gods plan proberen te ontdekken, en de nieuwe bestemming hopen te vernemen waar de familie naartoe wordt geroepen. Patrick vermoedt dat het wel eens Afghanistan zou kunnen zijn, Gisela is nog niet overtuigd.

De verloren generatie

'Imagine there's no heaven... no countries...
no religion too...'
John Lennon, *Imagine*

In de nazomer van 2002 loop ik door de schilderijengalerij van het Regeringspaleis naar de kantoren van premier Enkhbayar. Aan de hoge muren hangen de staatsieportretten van de regeringshoofden die Mongolië vanaf 1918 bevrijdden, onderdrukten of regeerden. Het portret van de vorige premier Amarjargal is inmiddels opgehangen. De politicus is in een lichtblauw pak geportretteerd.

Onwillekeurig blijf ik staan bij het negende portret. De man is in een gele *deel* afgebeeld en zit met een rond, opgeblazen gezicht achter een westerse tafel met een blanco vel papier voor zich. Zijn vuist ligt dreigend op het papier. Met toegeknepen ogen slaat hij de bezoekers vanuit zijn gouden lijst gade. In de lijst van het schilderij staat zijn naam gegraveerd en de jaartallen van de periode waarin hij over Mongolië regeerde: Choibalsan 1939–1952.

Choibalsan wordt ook wel de Stalin van Mongolië genoemd. Zijn heerschappij was een van de wreedste periodes in de moderne geschiedenis van het steppeland. Vanaf het midden van de jaren dertig tot zijn dood in 1952 roeide hij bijna honderdduizend lama's, intellectuelen en burgers uit. De persoon Choibalsan is echter een van de opmerkelijkste, omstreden figuren uit de revolutionaire periode: hij wordt gezien als de

held die Mongolië onafhankelijk hield en de 'slager' die de onafhankelijke Mongolen vervolgens over de kling joeg. Het is
een paradox die constant in zijn leven terugkomt. De man die
als bastaardkind in een klooster was opgenomen, zou later
diezelfde kloosters brandschatten en de kloostergemeenschappen systematisch uitroeien.

Choibalsan werd in 1895 geboren en groeide zoals veel kin-

Choibalsan (zittend links) tijdens een partij schaak; omstreeks 1940
(© NMMH).

deren in Mongolië op in een boeddhistisch klooster. Op der-tienjarige leeftijd liep hij uit het klooster weg en vond hij in de hoofdstad, toen nog Niyslel Hüree, een baantje als nachtwaker en boodschappenjongen. Al snel werd hij politiek actief en na-dat hij met andere revolutionairen, waaronder Danzan en Sukhbaatar, de Mongoolse Volkspartij (MPP) had opgericht, zocht hij contact met de Russische bolsjewieken die voorstel-den om de nieuwe partij tot de Mongoolse Revolutionaire Volkspartij (MPRP) om te dopen. In de vroege jaren van de MPRP rees Choibalsan gestaag in de partijtop, die hij tussen 1939 en 1952 met een ijzeren vuist zou domineren.

De vervolgingen van boeddhisten en lama's in Mongolië was aanvankelijk in gang gezet door de Russische leider Stalin, maar verschillende Mongoolse partijleiders weigerden aan zijn wens gehoor te geven. Uiteindelijk was het Choibalsan die aan Stalins instructies toegaf en de executies en het brand-schatten van de kloosters en tempels dirigeerde. Choibalsan riep daartoe een Speciale Commissie in het leven die de ver-volgingen en executies minutieus optekende. Zo berechtte de commissie tussen september 1937 en april 1939 maar liefst 25.824 verdachten, waarvan er 20.474 werden geëxecuteerd en 5343 werden verbannen of opgesloten. Een vervolging door de Speciale Commissie betekende vrijwel altijd een veroordeling; slechts zeven personen werden tussen 1937 en 1939 vrijge-sproken. Duizenden anderen verdwenen zonder enige vorm van een proces.

In 1962 vaardigde de MPRP een resolutie uit waarin Choibal-san bekritiseerd werd en sinds 1990 worden slachtoffers van Choibalsan in ere hersteld en krijgen nabestaanden een scha-devergoeding voor hun vermoorde of vermiste familieleden toegekend. In de nazomer van 2000 bood premier Enkhbayar, die zelf een van zijn grootouders onder Choibalsans bewind verloor, onverwachts namens de MPRP zijn excuses aan voor de verschrikkingen van het MPRP-bewind in deze periode.

Ondanks dit alles is de dictator Choibalsan nog overal in Mongolië te vinden en op staatsniveau wordt Choibalsan voornamelijk als een vrijheidsstrijder herinnerd. Behalve het staatsieportret in het Regeringspaleis is er een provinciale hoofdstad naar Choibalsan vernoemd, staat er een standbeeld van hem voor de rijksuniversiteit van Ulaanbaatar en zijn in de reizende tentoonstelling van het Nationaal Historisch Museum ook de bril en de pijp van Choibalsan opgenomen. Geen van deze beelden of tentoonstellingen verwijst naar de religieuze vervolgingen die Choibalsan organiseerde. Nog regelmatig worden er in Mongolië graven gevonden waarin schedels met kogelgaten worden aangetroffen, en zowel in 1992 als in 2003 werd het land opgeschrikt door de vondst van een massagraf. Tussen de botten en schedels werden vergane repen stof gevonden, in okergele en dieprode tinten: het graf was gevuld met de lichamen van lama's en monniken. Het lichaam van Choibalsan zelf werd bijgezet in het mausoleum voor het Regeringspaleis, waar ook de resten van Sukhbaatar liggen.

Het schilderij van Choibalsan in het regeringspaleis heeft zijn bestaansrecht in de eerste plaats te danken aan het gegeven dat premier Choibalsan de Mongoolse onafhankelijkheid behield, terwijl vrijwel alle andere Centraal-Aziatische volken zoals de Uiguren, de Mongolen in Binnen-Mongolië, de Kirgiezen, de Turkmenen en de Kazakken door de Chinese Volksrepubliek of de Sovjet-Unie ingelijfd werden.

'Als boeddhist keur ik Choibalsans beleid natuurlijk af,' zegt Erdeene, de goudzoeker en gewezen monnik, als ik hem naar de dictator vraag, 'maar als Mongool ben ik hem dankbaar dat hij Mongolië onafhankelijk heeft weten te houden. Hij is een nationale held.'

Op nog geen tweehonderd meter van het bureau waar Choibalsan zijn beleidsnotities ondertekende, staat een houten huis waar slachtoffers van de revolutie en daaropvolgende vervolgingen worden herdacht. Op de muren van het raamloze huis staan ruim twintigduizend namen van monniken, burgers en in ongenade gevallen partijleden die in Mongolië of Siberië geëxecuteerd werden. Het onopvallende huis is een van de indrukwekkendste monumenten in Mongolië.

Choibalsans portret zal ongetwijfeld in de schilderijengalerij van het Regeringspaleis blijven hangen, maar de kloosters in Mongolië zijn Choibalsan en de verschrikkingen van de vroege MPRP nooit te boven gekomen. In de twintigste eeuw werden de rituelen zoals de *tsam*-dansen en andere ceremonieën die traditioneel van lama op monnik werden doorgegeven bijna zestig jaar lang verboden.

De Mongoolse kloostergemeenschappen bestaan tegenwoordig uit een kleine groep stokoude lama's die in een race tegen de klok en over een generatiekloof van bijna vijftig jaar, hun kennis aan de instroom van jonge monniken proberen door te geven. Daarnaast worden regelmatig buitenlandse boeddhisten uitgenodigd om Mongoolse monniken te onderwijzen. Zo bezocht een *tsam*-groep uit Ladakh, Noord-India, in 2000 de Mongoolse hoofdstad om daar de monniken in Gandan hun *tsam*-ceremonie te leren.

Als ik in het Regeringspaleis uiteindelijk het schilderij van Choibalsan voorbijloop, zie ik aan het einde van de galerij Otgonbayar, de buitenlandadviseur van premier Enkhbayar, wachten. Onberispelijk gekleed als altijd, gebaart hij dat ik naast hem op een bank moet komen zitten. Hij heeft gehoord dat ik een groep boeddhistische *tsam*-dansers zoek om in Whitehall Palace voor de koningin van Groot-Brittannië op te treden ter gelegenheid van haar vijftigjarig jubileum als staatshoofd.

'Volgende week wordt er in het klooster van Amarbayasgalant een *tsam*-ceremonie gehouden,' zegt hij. 'Het is de eerste keer sinds 1936 dat er in Amarbayasgalant een volledige *tsam* wordt uitgevoerd.'

Otgonbayar is boeddhist en zou graag zelf meegaan, maar heeft het te druk met het voorbereiden van een bezoek van Enkhbayar aan het Kremlin.

'Amarbayasgalant is uitermate belangrijk,' vervolgt hij, 'het is erg afgelegen en de lama's kunnen zich in alle rust aan studie en soetra's wijden. Hier in Ulaanbaatar met zijn internet en videogames hebben sommige jonge monniken te veel afleiding.'

'Als je een echte *tsam*-ceremonie wilt zien, moet je naar Amarbayasgalant gaan,' raadt hij aan, 'en misschien kun je deze monniken naar Engeland brengen voor de *tsam*-ceremonie in Whitehall Palace.'

In zijn kantoor vragen we premier Enkhbayar, die voor het evenement in Londen is uitgenodigd, wat hij van het idee vindt.

'Een *tsam*-dans kan alleen door monniken worden uitgevoerd,' zegt hij.

Ik vertel dat ik die week met de Khampo Lama van het Gandan-klooster heb gesproken die benadrukte dat de monniken alleen een volledige *tsam*-ceremonie kunnen uitvoeren, en zich niet tot een kort stukje van zes minuten voor de Engelse koningin kunnen beperken. Enkhbayar vraagt hoe lang het geheel duurt en schiet in de lach als hij hoort dat de dans ruim acht uur en de gehele ceremonie dagen in beslag neemt.

'Wellicht kun je toch beter een professionele dansgroep uit-
nodigen,' stelt hij voor, 'of anders moeten de monniken maar
alvast in het vliegtuig beginnen.'

Op de dag voordat Amarbayasgalant de *tsam*-ceremonie zal
houden, loop ik naar het Museumplein in het centrum van
Ulaanbaatar, vanwaar een busje naar het klooster zal vertrekken. Ik heb inmiddels de nationale dansgroep Tumen Ekh gevraagd naar Londen te komen, maar wil de echte *tsam*-dans in
Amarbayasgalant toch graag zien.

Onderweg kom ik langs het Zanabazar Museum. Het museum is een oud gebouw dat in Sint-Petersburg niet zou hebben
misstaan, maar oorspronkelijk als Centraal Warenhuis werd
gebouwd. Sinds 1992 is het een museum en stelt het een van de
mooiste collecties *tsam*-maskers ter wereld tentoon. Binnen
zijn de enorme maskers van demonen met pokdalige gezichten te bezichtigen. De groteske maskers zijn met bloedkoraal
en andere kostbare materialen bedekt en de kostuums zijn rijk
versierd met parels en zilverbeslag.

Tegenover het Zanabazar Museum staat The Church of Jesus
Christ van de Mormoonse gemeenschap uit Utah. Op de trappen staan jongens in zwarte pakken en witte overhemden te
praten. Als altijd onderbreken ze hun gesprekken om vrijwel
iedere voorbijganger te groeten.

Pal naast de kerk van de Mormonen staat het FPMT, 'Foun-
dation for the Preservation of the Mahayana Tradition', waar
het busje voor Amarbayasgalant al staat te wachten.

Alle negen reisgenoten blijken de een of andere affiniteit met
het Mongools boeddhisme te hebben. Voorin zit een Amerikaanse vrijwilligster van het FPMT en tegenover me zit een stel
uit Amsterdam dat de vakantie in Hintii heeft gewijd aan de

restauratie van het Baldan Baraivan-klooster, dat tijdens Choibalsans bewind vernield werd. Het project wordt in Ulaanbaatar gecoördineerd door een Nederlandse student antropologie die een grote interesse in het boeddhisme heeft. Onder zijn jas draagt de antropoloog een dieprood shirt en een gele coltrui die de kleuren weerspiegelen waarin de Mongoolse lama's en monniken gekleed zijn. Hij heeft een gitaar bij zich en blijkt later prachtig te kunnen zingen. Naast hem zitten een Française die het Mongools sjamanisme en *Tenger* bestudeert, de hemel die in het Mongools sjamanisme vereerd wordt, en een Amerikaanse die drie weken in Amarbayasgalant in retraite gaat. Tot slot is er Carl, een Amerikaanse Vietnam-veteraan die op weg is naar Hanoi om daar in een 'Friendship Programme' te gaan werken. Carl is een kleine man van achter in de zestig, met een groot hoofd en een gevoelig gezicht, waarin één mondhoek omhoog staat en het andere naar beneden. Hoewel hij voornamelijk naar de gesprekken van de anderen luistert, vertelt hij zo nu en dan iets over Vietnam dat hij vier keer bezocht: één keer in oorlogstijd en drie keer daarna. Als de Nederlandse student later John Lennons *Imagine* zingt, blijkt hij tot tranen geroerd. 'Imagine there's no heaven... no countries... no religion too...' klinkt het in de auto en Carl lacht verlegen en trekt een grote rode zakdoek uit zijn zak waarmee hij de tranen van zijn wangen veegt.

Ik schiet later in de lach als ik me bedenk dat het liedje in het Mongools dus zoveel wil zeggen als 'Imagine there is no Tenger...', en de rest, geen land en geen religie, hebben de Mongolen sowieso al onder China en Choibalsan meegemaakt. Opeens klinkt het niet meer zo onschuldig.

Het busje wordt bestuurd door Duka, die achter de zonneklepjes een blauwe *khadag* heeft gehangen voor een behouden

thuiskomst, en aan zijn spiegel hangt een afbeelding van Avalokitesvara.

We rijden vanuit Ulaanbaatar door de glooiende steppeheuvels naar de noordelijke provincie Selenge. Het is een van de
weinige provincies waar grootschalige landbouw wordt bedreven. Enorme graanvelden strekken zich tot aan de horizon uit.
Op sommige heuvels is gras gemaaid en liggen bergjes hooi als
molshopen in de steppe. Het zijn minuscule beetjes hooi die
de dieren door de winter moeten helpen; ook hier is weinig regen gevallen en het gras is kort.

Voorbij de industriestad Darhan, gebouwd om de bevol-
kingsdruk op Ulaanbaatar te verlichten, draait het busje een
zandpad op. Het landschap is grilliger geworden, rotsformaties
prikken her en der door de steppen en de glooiende heuvels
hebben plaatsgemaakt voor scherpe kammen en rotspieken.
Het is een prachtig landschap, met groentinten die dramatisch
in elkaar vloeien. Heel af en toe staat er een klein paars bloeme-
tje in het gras, dat op Carls onverdeelde aandacht kan rekenen
als we even stoppen om de benen te strekken. We bevinden ons
op een vlakte tussen bergen en rotspartijen en het landschap
doet denken aan een zeebodem. Grote pollen sprieten steken
her en der uit de grond en zeegroen overheerst op de berghellingen. Er is geen boom te bekennen en de rotsen zijn bedekt met
roestbruine en felgroene korstmossen die als algen op de stenen
groeien. In de wijde omtrek is geen geluid te horen maar dat verandert als we in de vroege avond over de laatste pas de vallei van
Amarbayasgalant binnenrijden waar tientallen bezoekers en
pelgrims al zijn aangekomen. Het klooster ligt majestueus tegen
de heuvels en de bruin geglazuurde dakpannen glanzen in de
avondzon. In de heuvels achter het klooster spellen witgekalkte
stenen een Tibetaanse soetra: *Om mani padme hum.*

Voor het enorme bouwwerk staat een 'drakenmuur', die moet beletten dat boze geesten het klooster binnensluipen. Als we langs de muur het klooster binnengaan, klinken er uit de centrale gebedshal de diepe en lage tonen van een blaasinstrument. De bastonen worden afgewisseld met een trommel en de heldere tonen van een bel. Af en toe klinken er een gong en stemmen die soetra's reciteren; binnen zijn de voorbereidingen voor de *tsam*-ceremonie al begonnen. Een danser met een enorm hoofddeksel met daarop drie vlammen van metaal, stapt theatraal tussen twee rijen rode pilaren door. Hij is gekleed in een rijk versierd kostuum met kralenkettingen en bellen die bij iedere stap rinkelen. Brede repen stof zijn onder zijn kin en rond zijn nek gebonden om het zware gevaarte op zijn plaats te houden. Door de enorme last op zijn hoofd moet hij het lichaam tijdens het dansen kaarsrecht houden, om te voorkomen dat hij voorover valt. Hij trekt de knieën hoog op voordat hij een ruime stap neemt en zich vervolgens met uitgestrekte armen in het rond draait, waardoor de plooien van zijn wijde kostuum uitzwaaien. In de rechterhand draagt hij een dolk, in de linker een kom die van een mensenschedel gemaakt is.

Een van de monniken fluistert dat de ceremonie twee dagen en nachten zal duren.

'Maar de monniken zijn sterk en hebben een goede conditie,' voegt hij er geruststellend aan toe.

Aan de westzijde van het klooster zetten we de tenten op. Pelgrims en dagjesmensen hebben een tentenkamp opgeslagen en overal klinken stemmen en geblaf van honden. Voor de tenten branden houtvuren en staan grote potten schapenvlees te pruttelen. De geur van rook, *khushuur* en schapenvlees drijft door de lucht.

Later in de avond, als het koud wordt, trekken de meeste families zich met een kaars in hun tentjes terug, het licht geeft een schaduwspel van mensen met mokken in de hand die met wodka worden gevuld en doorgegeven. Hier en daar wordt gezongen en wiegen silhouetten van mannen en vrouwen langzaam over het tentdoek heen en weer.

Vanuit mijn tentje kan ik de diepe tonen van een blaasinstrument horen, die de hele nacht uit het Amarbayasgalant-klooster zullen blijven opklinken.

Amarbayasgalant werd tussen 1727 en 1737 door de Chinese keizer Yong Zhen gebouwd nadat Buiten-Mongolië aan het Chinese keizerrijk was toegevoegd. Het is een enorm complex met maar liefst twee verdiepingen en metersdikke muren, waar begin twintigste eeuw ruim tweeduizend monniken en lama's leefden. Tijdens de Choibalsan-jaren werd het klooster gesloten en grotendeels vernield om pas in 1980 weer te worden opgebouwd.

Hoewel de architectuur zeer Chinees is, zijn de heiligen die op de altaren vereerd worden Mongools. Zo werden de resten van de eerste Bogd Gegeen Zanabazar, die vlak voor de bouw van het klooster gestorven was, in een van de tempels van Amarbayasgalant bijgezet. Na de vervolgingen en vernielingen van de jaren dertig is het onduidelijk of de beenderen van Zanabazar nog in de tempelhal liggen, maar de stroom pelgrims die hem komt vereren blijft onverminderd groot. De mannen en vrouwen drukken hun voorhoofd tegen de stoepa en steken vervolgens een hand naar binnen om wat heilige grond mee te nemen.

De dertig monniken die nu in Amarbayasgalant leven, haasten zich door de tempelhallen om de enorme bezoekersaantal-

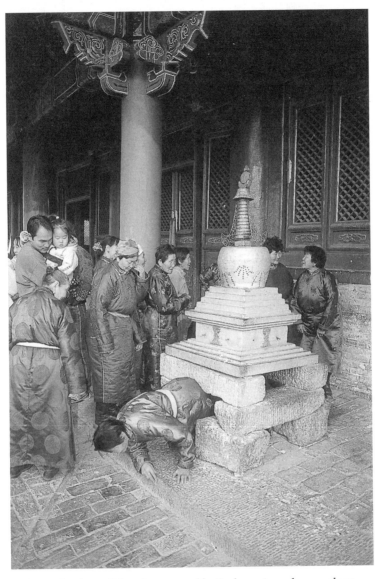

Pelgrims kruipen tijdens het tempelfestival van Amarbayasgalant onder een stoepa door (CIRCA / Tj. Halbertsma).

len in goede banen te leiden. Andere lama's zitten in rijen voor de altaren en zegenen knielende bezoekers door soetraboeken tegen hun voorhoofden te drukken. Een zakenman in een leren *deel* stopt de monniken een voor een een biljet van 1000 *togrog*, iets minder dan een euro, in de hand, totdat hij bij een blanke man komt die in een dieprode monnikspij is gekleed. Ik kan de verwarring op het gezicht van de zakenman zien. Uiteindelijk drukt hij de Amerikaanse boeddhist ook maar een biljet van 1000 *togrog* in de hand.

Voor de ingang van de Tsogchin Dugan, de centrale tempel, is een rij van pelgrims komen te staan die in hun mooiste *deel* naar Amarbayasgalant zijn gekomen. De vrouwen in de rij laten hun kettingen van bidkralen door de vingers gaan voordat zij onder een stenen stoepa doorkruipen die op stenen poten naast de tempelpoort staat. Een aantal vrouwen komt in de nauwe gang onder de stoepa klem te zitten om er vervolgens onder veel gelach door anderen weer uitgetrokken te worden voor een nieuwe poging.

Buiten de kloostermuren is een kleine markt ontstaan van waren, die op doeken in het gras worden uitgestald. Op de doeken liggen pakken lucifers, repen chocola, bundels wierook, flessen frisdrank en schone sokken uitgestald. Andere venters verkopen *khushuur*, vleespannenkoeken, die ze in melkbussen warm houden.

In de vroege middag arriveert de processie van lama's en monniken op het festivalterrein waar de *tsam*-dans zal worden gehouden. In de optocht worden twee meterslange koperen blaasinstrumenten meegedragen. Aan de ene zijde blazen twee volwassen monniken zich de longen uit het lijf, aan het andere uiteinde dragen twee jongetjes het instrument op de schouders.

De lama's hebben grote gele hoofdtooien die als hanenkammen op het hoofd staan. Een voor een nemen ze plaats op de tronen die onder parasols aan de zuidzijde van het festivalterrein zijn opgesteld. Onder hen bevindt zich de tachtigjarige lama Danzan, die als jongetje in Gandan de laatste *tsam*-dansen nog heeft meegemaakt en nu de nieuwe generatie dansers opleidt. Hij zit echter in een rolstoel en heeft de dansers de *tsam*-passen alleen kunnen beschrijven. In zijn schoot liggen de bekkens waarmee hij de dansers begeleidt.

De *tsam*-ceremonie wordt in de eerste plaats opgevoerd om geesten en kwade krachten te verdrijven. Daarvoor zijn met kalk zeven grote cirkels op het terrein getrokken. In het midden daarvan staat een tent met daarin een *zog*, een papieren piramide met afbeeldingen van schedels en een *linka*, een poppetje van deeg. De dansers bewegen zich in cirkels rond de *zog* waardoor de kwade krachten in de *linka* trekken die van een snelrijzend deeg wordt gemaakt, zodat het poppetje tijdens de ceremonie tot ontzag van de toeschouwers daadwerkelijk langzaam opzwelt.

Tsam betekent 'gemaskerde dans' en de dansers dragen groteske maskers die de verschillende demonen uitbeelden. Alleen de *shanag*, 'zwarthoeden', die we de avond daarvoor in het klooster hebben zien dansen, zijn ongemaskerd.

De lama's gebaren naar de toeschouwers die aan de andere kant van het veld hebben plaatsgenomen en een van de monniken waarschuwt dat alle kwade krachten die door de ceremonie worden verdreven zich langs die zijde zullen terugtrekken. De meeste pelgrims kiezen het hazenpad, maar een aantal toeschouwers en fotografen blijft onverstoorbaar zitten, tot consternatie van de lama's.

Als alle lama's hebben plaatsgenomen rent het eerste personage het veld op. Het is de 'Witte Oude Man', begeleid door een gevolg van jonge monniken. Hij is de beschermheer van heilige bergen en rivieren, maar ook de nar die de draak steekt met toeschouwers en monniken door hen aan hun oren te trekken of hen met zijn stok af te ranselen tot een lama hem wegstuurt. De toeschouwers brullen van het lachen of stormen weg als de man dreigend hun kant op beent.

Vervolgens stappen de demonen een voor een het veld op om met grote stappen in pirouettes langs de cirkels in het gras te dansen totdat hun plaats door de *shanag* wordt ingenomen. Terwijl de monniken hun soetra's reciteren komt de dans tot een einde als een lama de *linka* verbrandt in een grote explosie van benzine en zwarte rook. De toeschouwers deinzen achteruit als de vlammenzee metershoog uit het komfoor omhoogslaat.

In een laatste processie wordt de *zog* door een rij lama's, monniken en dansers naar een brandstapel gedragen. Vlak voordat het vuur ontstoken wordt, gooien de toeschouwers snel papiertjes met hun wensen of zorgen op de brandstapel. Als de *zog* in de vlammen wordt gegooid, klinkt er een schot van een herder te paard die zijn geweer in de lucht heeft afgevuurd.

'Ze begrijpen er niets van,' zegt een van de boeddhisten hoofdschuddend als ik haar naar de bedoeling van de papiertjes vraag die nog altijd in het vuur worden gegooid. 'Ze hoeven niet opnieuw hun wensen te doen, we hebben alle obstakels daarvoor al met de *zog* verbrandt. Ze begrijpen het niet.'

Ik vraag een van de toeschouwers wat er op haar papiertje heeft gestaan.

'Ik wil rijk worden,' giechelt ze en iedereen om haar heen moet lachen.

Muzikanten en monniken tijdens *tsam*-dans in Amarbayasgalant
(CIRCA / Tj. Halbertsma)

Die nacht loopt de vallei van Amarbayasgalant langzaam leeg. Pelgrims en andere bezoekers pakken hun tenten weer op en gaan terug naar huis. De volgende morgen ligt het klooster er verlaten bij.

Ruim een maand later komt de Mongoolse dansgroep Tumen Ekh in Londen aan om in Whitehall Palace hun *tsam*-dans uit te voeren. De Britse koningin kan de ceremonie – die immers kwade krachten verdrijft – goed gebruiken; die week is het

Britse koningshuis door schandalen opgeschrikt. De pers draait overuren.

Bovendien is het de dag waarop het Engelse parlement geopend wordt en vanuit Whitehall zien we de gouden koets omringd door ruiters naar het parlement rijden. De paardenhoeven klepperen op de straten en de Mongoolse dansers laten hun videocamera's snorren. Minutenlang trekken de ruiters, koetsen en verlengde Bentleys langs het paleis.

Tumen Ekh treedt in de vroege avond in de kolossale galazaal van het paleis op. De zaal is met bladgoud versierd en door Rubens met dikke dames verluchtigd, die vanaf het plafond op de toeschouwers neerkijken. Als de groep hun kisten met maskers openen kan ik Mongolië in de kostuums ruiken.

Op de eerste rij voor het podium zitten de vorstin en haar prins-gemaal, maar ook een oude lama die ooit *tsam*-dansers vanuit het Indiase Ladakh naar Mongolië bracht om de Mongoolse monniken te onderwijzen.

De dans, die normaal ruim acht uur duurt, is tot een kleine zeven minuten teruggebracht. Desondanks dansen de Mongolen – onder het decor van Rubens-vrouwen – de sterren van de hemel en hun maskers van bloedkoraal schitteren in de spotlights.

Na afloop is de groep gevraagd voor een ontmoeting met de koningin. Als cadeau hebben de dansers een *morin khuur*, een Mongools strijkinstrument, meegenomen, maar als de ontmoeting moet plaatsvinden stapt de koningin een lege receptiehal binnen. Iedereen is verbaasd; de *tsam*-dansers zijn in geen velden of wegen te bekennen.

'Misschien zijn ze al naar huis,' zegt de koningin laconiek.

Wanneer iemand over de balustrade van het trappenhuis kijkt, blijkt de dansgroep een verdieping lager te wachten. De

Mongolen stormen met wapperende kleding de trap op, twee, drie treden tegelijk. De bellen rinkelen aan hun kostuums.

Lege graven

'The artists were occasionally independent-minded enough to
put in what they did not see, but what they knew was there...'
Douglas Carruthers, *Unknown Mongolia* (1913)

Mongolië is in archeologisch opzicht een van de meest onge-
repte gebieden ter wereld. William Lindesay, een bevriende
historicus in Peking, noemt het land 'het grootste openlucht-
museum ter wereld, zonder toegangskaartje'. De Brit, die in
1986 de gehele lengte van de Grote Muur afliep en hem sindsdien onafgebroken heeft bestudeerd, heeft gelijk: het Mongoolse rijk is om te beginnen lange tijd voor de buitenwereld
afgesloten geweest, terwijl er een veelvoud aan volkeren doorheen is getrokken. Daarnaast zijn de meeste Mongoolse erfstukken zo groot dat ze veel te zwaar zijn om door grafrovers of
verzamelaars van hun oorspronkelijke plaats te worden weg-
genomen. Veel van het eeuwenoude erfgoed staat dan ook nog
altijd in de steppe, op de plaats waar het oorspronkelijk werd
opgericht en achtergelaten.

Al in de dertiende eeuw viel het de franciscaner monnik
Ruysbroeck op dat er stenen sculpturen in de Mongoolse steppe te vinden waren. 'De Mongolen stapelen keien over de graven van hun doden, en richten stenen beelden op, waarvan de
gezichten op het oosten worden gericht,' schreef de Vlaamse
bezoeker zeven eeuwen geleden in zijn dagboek.

Ruysbroeck doelde op de stenen *balbal*-sculpturen die vanaf
de zesde eeuw in Mongolië werden opgericht en nog altijd in

Turkse *balbal* in Töv, zevende eeuw (CIRCA / Tj. Halbertsma).

de steppe te vinden zijn. Ook latere reizigers beschreven de beelden, zoals de Engelsman Carruthers die in zijn prachtige boek *Unknown Mongolia* lyrisch over het Mongoolse erfgoed schrijft: 'De beelden staan eenzaam en alleen, als stille getuigen van langstrekkende legers en nomaden, tot hun middel in het droge stof van de tot rust gekomen steppe.'

Carruthers ontdekte daarnaast eeuwenoude petrogliefen, rotsafbeeldingen, die een verloren wereld laten zien van zesduizend jaar geleden. Ondanks deze beschrijvingen van Ruysbroeck en Carruthers zijn de erfstukken in het Westen vrijwel onbekend gebleven.

De verhalen van Carruthers waren zo beeldend, dat ik in een zomermaand naar de beelden en voorstellingen in twee van zulke valleien op zoek ging. De namen van de kunstwerken klonken al bijzonder: de beelden van Ushigiin Uver en de petrogliefen van Tsagaan Salaa.

De vallei van Tsagaan Salaa ligt diep in het Altai-gebergte verborgen, aan de westelijke grens van Mongolië en Rusland. In het gebied zijn tientallen *balbal*-sculpturen te vinden, maar de vallei is in de eerste plaats bijzonder door de duizenden petrogliefen die er zesduizend jaar geleden in de kilometerslange rotswanden werden gehouwen.

Tijdens het bezoek aan de familie Parker in Bayan-Ölgii kwam ik een Kazak, Canat, tegen die niet alleen zei de petrogliefen van Tsagaan Salaa te kunnen vinden, maar ook interesse toonde om onderweg naar *balbal*-sculpturen te zoeken. Tijdens de voorbereiding van de tocht stelde Canat voor om zijn schoonvader Hamzaa op te zoeken en hem om aanwijzingen voor de zoektocht te vragen.

Canats schoonvader Hamzaa heeft zijn hele leven voor de

Mongoolse regering gewerkt en is partijlid van de MPRP. Hij was partijsecretaris voor het ministerie van Cultuur, of zoals het departement destijds heette: 'Ministerie van Verlichting'. Het verlichten van de massa's was in eerste instantie een kwestie van staatspropaganda, maar Canats schoonvader kende ook alle erfgoed in zijn provincie. Bovendien woont hij vlak bij een van de belangrijkste *balbal*s in West-Mongolië.

Na zijn pensionering verliet Hamzaa zijn appartement in de stad om opnieuw zijn intrek in een *ger* te nemen en als we hem opzoeken begrijp ik waarom hij uit de stad is weggegaan. In de rivierbocht waar Hamzaa woont staan twee *gers*: Canats schoonvader heeft twee vrouwen, zoals zijn islamitische vader en grootvader dat ook hadden. In tegenstelling tot zijn voorvaderen moest hij als communistisch partijlid het bestaan van zijn tweede vrouw echter jarenlang geheimhouden. Zelfs Hamzaa's dochter, de vrouw van Canat, hoorde pas onlangs – toen Hamzaa besloot om zijn families bij elkaar te brengen – dat zij twee halfbroers heeft.

Hamzaa heet ons welkom in de *ger* waar hij met zijn eerste vrouw woont. In de tent liggen dikke, kleurige tapijten op de aangestampte aarden vloer en aan de wanden hangen kleden met borduursel en zilverbeslag.

Nadat zijn vrouw ons melkthee heeft ingeschonken vertelt Hamzaa dat veel van de graven en petrogliefen aan de grens met Rusland te vinden zijn. Het gebied is moeilijk begaanbaar, maar de graven zijn makkelijk te herkennen door de bergen keien die over de lichamen zijn gestapeld. Als er al doden in liggen, zegt hij, want het is onduidelijk of het om ceremoniële grafmonumenten gaat of dat er werkelijk mensen in begraven zijn.

Voordat we naar de graven op zoek gaan, laat hij me het graf van zijn eigen vader Darji Kakarman zien. Hamzaa's vader werd in 1938 onder het schrikbewind van Choibalsan geëxecuteerd nadat de familie vanuit China de grens van Mongolië over was getrokken om zich in de provincie Khovd te vestigen. Hamzaa was toen twee jaar oud en de enige zoon van de eerste vrouw van zijn vader.

Hamzaa vertelt dat het in die periode niet alleen boeddhisten, maar ook moslims vervolgd werden. 'De imams werden gedood en mijn vader werd als moslim opgepakt omdat hij zonder documenten vanuit Xinjiang in West-China naar Mongolië was gekomen.'

Na een schijnproces van vier dagen werd hij samen met achtentwintig anderen geëxecuteerd. Hamzaa bleef achter met twee moeders en twee zusjes.

'Ik was de enige zoon,' zegt hij, 'en moest opeens voor vier vrouwen zorgen.'

Na de hervormingen van 1990 werd Darji Kakarman formeel door de Mongoolse staat gerehabiliteerd en kreeg Hamzaa voor het verlies van zijn vader duizend dollar compensatie, waarvan hij – ruim zestig jaar na diens dood – een graf bouwde.

'Choibalsan was een moordenaar,' zegt hij als ik hem vraag wat het voor hem betekent dat hij nog altijd vereerd wordt en er bijvoorbeeld een provinciale hoofdstad naar hem vernoemd is. 'Ik hoop dat de overheid besluit om de naam te wijzigen en de standbeelden omver te halen. Hoe moeilijk is het om de naam van een stad te veranderen?'

In de vroege middag rijden we te paard naar het graf van de vader van Hamzaa dat op een islamitische begraafplaats ligt. Hamzaa galoppeert vooruit om met zijn zweep de gieren bij de begraafplaats weg te jagen. Het zijn logge vogels met haveloze

Begrafenis Choibalsan, 1952 (© NMMH).

veren die traag opvliegen en honderd meter verder tergend weer neerstrijken.

Uit de verte zie ik de halve maan, symbool van de islam, op de grafstenen staan. Veel graven bestaan uit houten boomstammen die in achthoekige overkappingen zijn opgericht, zoals de graven al meer dan duizend jaar gebouwd worden.

Als we bij het graf van Hamzaa's vader van onze paarden stappen, zie ik dat het slechts uit een gedenksteen bestaat; het lichaam van Darji Kakarman is nooit teruggevonden.

Hamzaa legt een hand op de witte steen en leest, alsof hij direct tegen zijn vader spreekt, de tekst voor die hij daarin graveerde: 'Darji Kakarman, 1905–1938 Khovd Aimag. Mijn grote vader, wij zijn een familie die in vrede leeft. U werd te jong gedood en na uw dood nam ik de zorg voor uw familie op me. U was de enige zoon, zoals ook ik dat ben. Hamzaa.'

Als hij het graf van zijn moeder heeft bezocht, brengt Hamzaa ons naar een stenen *balbal* die niet ver van de begraafplaats staat. Het beeld werd in de zesde of zevende eeuw door een Turks volk aan de voet van een heuvel geplaatst. Het is een sculptuur van een gedrongen man, wiens hoofd bijna de helft van het beeld beslaat en die in zijn handen een kelk draagt, zoals Ruysbroeck al in de dertiende eeuw was opgevallen. Om zijn middel heeft hij een brede riem waaraan wapens en een tondeldoos hangen en in zijn oren draagt hij grote ringen. Door het gedrongen postuur lijkt het beeld kleiner dan de twee meter die het hoog is, en er moet nog minstens een meter onder de grond zitten om het overeind te houden.

We rijden langs de rivier terug naar de twee *ger*s van Hamzaa en na een maal van gefrituurd brood en schapenvlees nemen Canat en ik afscheid om naar de petrogliefen van de Tsagaan Salaa-vallei af te reizen.

'Toen je hier aankwam was je een vreemdeling,' zegt Hamzaa nadat hij me een omhelzing heeft gegeven zoals alleen gestaalde kaders dat kunnen doen. 'Nu je het graf van mijn vader hebt gezien, ben je als een schoonzoon.'

Voordat we in de auto stappen, wenst Hamzaa ons een voorspoedige reis en terwijl hij een hand naar zijn hart brengt zegt hij: 'Neem van dit huis wat je nodig hebt.'

In Ölgii bezoeken we de grenspolitie om toestemming te vragen voor de reis naar de petrogliefen in Tsagaan Salaa. Hoewel ik een ambtenarenvisum voor Mongolië heb, moet ik desondanks een vergunning krijgen om zo dicht bij de grens te mogen komen. Daarnaast heeft Hamzaa me gewaarschuwd voorzichtig te zijn en niet per ongeluk in Rusland verzeild te raken, want de grenspolitie heeft onlangs nog op een Mongoolse herder geschoten die de grens zonder papieren was overgestoken.

Bij de poort van de legerbarakken staat een soldaat in een mosterdgeel uniform van grove stof met een AK-47 over zijn schouder. De man zwengelt aan een telefoon waarna hij de poort op een kier zet en ons naar zijn commandant doorstuurt.

De barakken zien er haveloos uit. Binnen zitten twee soldaten op de grond hun geweren te poetsen en trekt een derde soldaat zijn laarzen aan. Zoals in Mongolië gebruikelijk is draagt hij geen sokken in zijn laarzen maar heeft hij lange repen katoen om zijn voeten en kuiten gewikkeld.

De commandant heeft zijn kantoor aan het einde van de gang en zit achter een houten bureau naar Boney M te luisteren. 'Rasputin, Rasputin Russia's favorite lovemachine,' klinkt er op de radio terwijl de man mijn grensvergunning tekent. Onder zijn bureau tikt zijn voet de maat mee.

Met de documenten in de hand lopen we de kazerne uit en klimmen de jeep weer in.

Canat heeft een bevriende chauffeur gevraagd ons naar de petrogliefen te brengen.

'Dit is Sulawat,' zegt hij als hij de man voorstelt. 'Hij is uniek; er bestaat maar één Sulawat in de wereld.' Als hij de auto uitkomt zie ik wat Canat bedoelt: hij heeft een enorme zwarte moedervlek, die precies zijn halve gezicht bedekt.

Buiten de stad wordt het landschap al snel onherbergzaam. Gruishellingen en rotsvlaktes wisselen elkaar af en alleen langs de rivieroevers groeit vegetatie. Een paar grijszwarte kraanvogels wandelen met lange stappen door het gras, maar vliegen op als we langs rijden.

In de avond bereiken we een rivier waarachter de Tsagaan Salaa-vallei te vinden is. Het is hartje zomer en het water staat hoog, maar Sulawat denkt dat we de andere kant kunnen halen en stort zijn jeep tot mijn schrik de oever af, het water in. Terwijl we de rivier oversteken stroomt het water onder de deuren de jeep in, maar we halen de andere oever zonder dat de motor afslaat.

Omdat het inmiddels donker begint te worden besluiten we die avond niet verder te reizen en bij de rivier te slapen. We rollen de slaapzakken in het mos langs de oever uit, het is de perfecte avond voor een nacht buiten. We kijken uit op een sterrenhemel waarin de melkweg als een witte band in de hemel staat. In het zuiden liggen de vijf heilige pieken van de Tavan Bogd-bergen. De bergkammen tekenen zich als zwarte vlakken tegen de hemel af.

De volgende dag laten we de jeep achter en klimmen over de rotsen omhoog. De vallei van Tsagaan Salaa strekt zich uit tussen twee rivieren en is bijna tien kilometer lang. De voorstellingen die overal in de rotsen zijn gebeiteld dateren van zesduizend jaar geleden tot aan de Turkse periode van de zesde eeuw, waarin ook de *balbal*s gehouwen werden. Daarna is er vrijwel niets meer aan de voorstellingen van Tsagaan Salaa toegevoegd, zelfs geen namen van recente bezoekers.

De eerste petrogliefen die we vinden zijn in een vlakke rotsformatie gehouwen die aan de voet van een enorme rotswand ligt. In de barsten van het gesteente groeien gifgroene en citroengele korstmossen en daartussen zijn honderden afbeeldingen van dieren en menselijke figuren te zien.

Er zijn afbeeldingen van herten met enorme krullende ge-

Zesduizend jaar oude petrogliefen: voorstellingen van herten in de Tsagaan Salaa-vallei, West-Mongolië (CIRCA / Tj. Halbertsma).

weien en van wilde argali-schapen. Op een andere voorstelling is te zien hoe een groep wolven een hert aanvalt. Een van de wolven springt het dier naar de keel, terwijl de andere naar de benen van het hert bijten.

Latere voorstellingen tonen ossen en paarden die karren trekken. De lastdieren en karren zijn als in hiërogliefen uitge-vouwen, alsof de dieren omgevallen zijn en de wagenwielen van hun assen zijn gelopen. Af en toe staan er menselijke figu-ren afgebeeld die bogen dragen en hun lange pijlen rechtstreeks in de koppen van herten en andere dieren schieten.

Carruthers verwonderde zich over de kunstenaars die de voorstellingen maakten omdat ze dieren afbeelden die niet in het gebied voorkomen.

'Ze beeldden ook af wat ze niet zagen, maar waarvan ze wisten dat het bestond,' merkte hij op toen hij petrogliefen van een ruitervolk met rendieren zag, die ver daarvandaan leefden.

Carruthers vond zelfs de afbeelding van het profiel van een os, waarop een deel van het skelet en de organen was aangegeven, als een soort anatomische kaart.

De petrogliefen geven een perfecte indruk van zesduizend jaar Mongolië en zijn wonderbaarlijk goed bewaard gebleven. Alleen de elementen hebben de afbeeldingen aangetast, maar ondanks de gruwelijke koude wind van de Mongoolse winters staan de afbeeldingen nog duidelijk in de rotsen.

En dan is er de hoeveelheid; de schattingen daarvan lopen op tot honderdduizend afbeeldingen en het zal nog tientallen jaren duren voordat alle plaatjes gevonden zullen zijn, als dat al mogelijk is.

Op de terugreis van Ölgii naar Ulaanbaatar stap ik in Tosontsengel uit om vrienden te bezoeken die tijdens hun werkreizen door de provincie regelmatig oude graven tegenkomen uit de Hunnu-periode van de derde eeuw. De meeste graven bestaan uit enorme bergen zwart gesteente waaromheen concentrische cirkels van andere keien zijn gelegd.

Tosontsengel ligt op bijna zevenhonderd kilometer van Ulaanbaatar en hoewel het geen formele bestemming in de dienstregeling tussen Ulaanbaatar en Bayan-Ölgii is, wordt er regelmatig geland om brandstof te tanken. Voor de landing heeft de stewardess gezegd dat ik best mag uitstappen om een week later verder te vliegen naar Ulaanbaatar.

Het vluchtschema van de binnenlandse vluchten is altijd wat onduidelijk maar ik heb er het volste vertrouwen in dat het vliegtuig me weer zal oppikken als ik een week later met Nara, een van de vrienden in Tosontsengel, voor de houten wachtkamer van het minuscule vluchthaventje op het toestel sta te wachten.

Tegen het middaguur hoor ik het geluid van een propellervliegtuig en even later zie ik boven de bergen een stipje opdoemen. Het toestel vliegt laag maar het duurt even voordat ik me realiseer dat het niet gaat landen. Het vliegtuig scheert in een rechte lijn over het vliegveld heen en verdwijnt in de bergen.

Nara en ik rennen de oranje trap van de verkeerstoren op naar de controlekamer, waar de verkeersleider in een lange onderbroek en met ontbloot bovenlijf voor een computer zit. Op zijn beeldscherm zie ik dat hij een spelletje patience aan het spelen is.

Na enig aandringen van Nara laat de man het spel in de steek, pakt hij zijn zender en heeft hij een geanimeerde discussie met de piloten van het toestel, die weigeren terug te komen omdat ze genoeg benzine hebben om zonder landen Ulaanbaatar te halen.

'En als ze niet terugkomen is dat onacceptabel,' zegt de verkeersleider, maar wat dat betekent is me niet helemaal duidelijk. Vervolgens belt de man zijn baas in Ulaanbaatar en wachten we op wat er verder gaat gebeuren.

Twintig minuten later besluiten de piloten om toch om te keren en nog eens twintig minuten later landt de Antonov op Tosontsengel Airport.

'De piloten zijn zo ongedisciplineerd,' verzucht Nara terwijl we langs de startbaan naar het vliegtuig lopen. 'Zul je zien dat ze hier eerst gaan eten voordat ze doorvliegen.'

'Maar uiteindelijk hebben we dan toch een vliegtuig uit de lucht weten te praten,' giechelt ze.

Een stewardess duwt het aluminium laddertje naar buiten en ik klim met mijn tas het vliegtuig in.

Het vliegtuigje stijgt op en ik zie door het raam de Hunnugraven, die we die week bezocht hebben. Vanuit de lucht zie ik pas hoe groot de stenen cirkels zijn die om de graven liggen.

'De Mongolen zeggen dat de stenen uit de hemel zijn komen vallen,' schreef Carruthers in 1913 en het is inderdaad alsof iemand een steen in een vijver heeft gegooid en de ringen van steen zich langzaam over de steppe uitbreidden.

Een paar weken later sta ik op de luchthaven van Ulaanbaatar in de rij voor het vliegtuig naar Mörön in Noord-Mongolië. Het vliegveld is vol met passagiers en overal liggen bergen bagage. Twee oude bazen worden door hun zoons op de rug door de wachtruimte naar een gate gedragen. De mannen hebben de armen om de nekken van hun zoons geslagen en hangen geduldig met bungelende benen over de ruggen terwijl de jonge mannen in hun zakken naar tickets zoeken en tassen bij elkaar proberen te houden. Bij het vliegtuig worden de mannen op de grond gezet en krijgen ze in beide handen een stok geduwd zodat ze verankerd op het asfalt overeind blijven staan, totdat ze opnieuw op de ruggen worden gehesen en het vliegtuig in worden gedragen.

Het is hetzelfde vliegtuig waarmee ik vanuit Tosontsengel naar Ulaanbaatar ben gekomen en in de cockpit zit de piloot die het toestel omkeerde, maar hij herkent me niet. Een kleine twee uur later zet hij het vliegtuig in Mörön aan de grond.

Op het vliegveld staat Biba te wachten. Ik heb Biba in de zomer van 2000 in Ulaanbaatar ontmoet, toen hij me een lift gaf. Ulaanbaatar had toentertijd geen taxi's en iedere auto was zodoende een potentiële taxi. Biba is een van de chauffeurs die op weg naar zijn werk regelmatig passagiers oppikt, waarschijnlijk meer voor de mensen die hij daardoor ontmoet dan voor de verdiensten, want nadat hij me had afgezet wilde hij geen geld en gaf hij me een telefoonnummer dat ik altijd kon bellen 'als ik in Mongolië problemen had'. Het klonk eerder louche dan hulpvaardig.

Biba is geboren in Mörön, de hoofdstad van de provincie Khövsgöl, waar eeuwenoude sculpturen uit de Turkse periode van de zesde eeuw staan, maar ook stenen met afbeeldingen van mensengezichten en mythische dieren die ruim 2500 jaar oud zijn. De belangrijkste daarvan staan in de Ushigiin Uver-vallei, aan de zuidoever van het enorme Khövsgöl-meer. Toen ik Biba destijds vroeg of hij de stenen kende, bood hij aan me erheen te brengen.

Biba heeft zich voorgesteld als zakenman en importeur maar zal zich later op de reis ook als smokkelaar en verhalenverteller ontpoppen. Hij heeft net twee vrachtwagens bier naar Mongolië gebracht, waarvan er een onderweg in een ravijn is gereden. 'Het bier schuimde het ravijn uit,' lacht hij.

Daarnaast importeert hij de meest merkwaardige combinaties van goederen uit Rusland: witte kool en damesschoeisel, cement en meel, maar ook edelstenen.

Ik vraag hem of hij geen problemen met de Russische maffia heeft.

'De maffia is geweldig,' antwoordt hij laconiek, 'ze zijn duidelijk, efficiënt en houden zich aan de afspraken. Mits jij dat ook doet,' voegt hij er betekenisvol aan toe. 'Ze kunnen alles veel sneller organiseren dan andere tussenhandelaren. Ze bestellen alles direct bij de fabriek en hoeven nergens in de rij te wachten. Ze zijn eigenlijk altijd aan de beurt. En ze kunnen alles krijgen, tot aan legerhelikopters uit Tsjetsjenië toe.'

'Maar wat kun je er in Mongolië mee?' zegt hij dan, terwijl hij zijn schouders optrekt. 'Diamanten zijn makkelijker.'

We rijden over een zandpad naar het noorden van de provincie Khövsgöl, in een landschap van boomloze heuvels en onder een staalblauwe hemel, terwijl Biba vertelt over de Russische maffia en hoe hij met hen in zaken is gegaan. In 1994 verkocht hij in Rusland een partij kasjmier wol. De opbrengst stuurde hij via een lokale bank naar Ulaanbaatar en nog dezelfde dag kreeg hij bezoek van twee Russische maffiosi.

Ze vroegen hem achtduizend dollar 'belastinggeld'. Biba ging er 's nachts vandoor en probeerde de volgende dag de grens met Mongolië over te steken.

Bij de grens stopte een Russische douanier hem echter in de cel, en een dag later werd hij door dezelfde twee maffiosi opgehaald. Toen bleek dat Biba geen geld bij zich had kreeg hij een telefoon in de handen gedrukt om iemand te bellen die het geld kon komen brengen. Biba weigerde.

'Tweeëndertig dagen lang hebben ze me in de kelder opgesloten, met een handboei aan een verwarmingspijp,' lacht hij. 'Tweeëndertig dagen! Af en toe kwamen ze naar beneden om te onderhandelen, en dan bogen ze mijn vingers naar achteren.'

'Het eten was er prima, maar de service was slecht,' concludeert hij droogjes.

Na ruim een maand werd er een compromis gesloten. Biba zou met een vrachtwagen laarzen naar Ulaanbaatar rijden en die verkopen, waarna de Russen uit de opbrengst hun 'belastinggeld' zouden krijgen. Het voorstel werkte en sindsdien doet hij zaken met de groep. 'Mijn maffia is geweldig,' herhaalt Biba.

'En jij?' vraagt hij op een toon alsof iedereen dit soort verhalen heeft te vertellen. Ik heb één maffiaverhaal bij te dragen en vertel hem hoe ik op een avond in het kantoor van een Russische journalist een man ontmoette die zich als Andrei voorstelde. Andrei was gekleed in een zwart kostuum en een zwart overhemd en had een stemmige zwarte das om zijn nek.

'Maffia!' verkneukelt Biba zich.

Andrei had gehoord dat ik in Azië en Europa veel antiekhandelaren kende en de Rus vertelde ooit een schilderij van Kandinski te hebben gekocht.

'Buut theez paintink have no frame around iet,' zei hij met een zwaar Russisch accent.

Het schilderij was nu opgerold, in een posterkoker gestoken en in het bezit van zijn ex-vrouw, die ergens in Parijs verbleef.

'My wife, she is bieg, bieg bietch,' vertrouwde Andrei me toe, maar we hoefden alleen maar een koper te vinden en dan zou hij zijn eigendom in Parijs gaan terughalen.

Biba is er zowaar stil van – vooral omdat ik de kans op een eigen Kandinski heb laten lopen, vermoed ik.

Het UAZ-busje hobbelt geduldig voort totdat we in de bergen komen en het begint te sputteren en afslaat. Biba, die zich eerder een 'rallycoureur' heeft genoemd trekt de motorklep tussen de twee voorstoelen omhoog en haalt een rubberen slangetje van de carburateur om de luchtbellen uit de benzineleiding te zuigen.

De benzine die hij daarbij binnenkrijgt, spuugt hij in een ander slangetje, maar het werkt en we rijden met horten en stoten verder naar de vallei van Ushigiin Uver.

Ushigiin Uver ligt aan de zuidelijke kant van het Khövsgöl-meer. Het meer ligt hoog en tot juni drijven er ijsschotsen in het water. In de zomer is het water nog altijd zo koud dat een drenkeling maximaal tien minuten heeft om de oever te bereiken, voordat hij door de kou overmand wordt. Langs de randen van het meer is het water kristalhelder en kun je de keien op de bodem zien liggen. In het midden is het echter ruim driehonderd meter diep: het Khövsgöl-meer vormt ruim een procent van 's werelds zoetwatervoorraad. 's Winters is het ijs zo dik dat vrachtwagens van de ene naar de andere oever van het meer rijden, hoewel er op die manier in de loop der tijd bijna veertig trucks door het ijs zijn gezakt en in de diepte verdwenen zijn.

Het is het gebied waar de oorsprong van het Mongools sjamanisme ligt, waarmee een aantal van de beelden van Ushigiin Uver geassocieerd wordt. Aan de oevers van het Khövsgöl-meer zijn regelmatig delen van paardenskeletten te zien, die door herders in bomen worden gehangen. De schedels en beenderen bungelen aan *khadag*s in de wind, en als ik Biba naar de reden vraag zegt hij dat het een begraafplaats is waar herders hun lievelingspaarden achterlaten.

De beelden van Ushigiin Uver zijn als kleine streepjes aan het einde van de vallei zichtbaar, maar als we dichterbij komen blijken ze ruim twee meter hoog te zijn. Ze zijn uit prachtig wit en bruin gesteente gehouwen waarin afbeeldingen en voorstellingen zijn gehakt van galopperende herten met enorme geweien die in sierlijke krullen over de ruggen rollen. De afbeeldingen zijn als het ware om de stenen heen gewikkeld en doordat de buitenkant van het gesteente geoxideerd is, zijn de herten in helder wit op de roestbruine tabletten komen te staan. Er is maar weinig over hun herkomst bekend, maar op grond van de wapens die zijn afgebeeld wordt hun ouderdom op bijna drieduizend jaar geschat.

Rondom de stenen liggen tientallen *khereksur*, stenen graven of altaren, die aangeven dat Ushigiin Uver een belangrijke en misschien zelfs een heilige of sjamanistische plaats moet zijn geweest.

Carruthers, de Britse ontdekkingsreiziger, was geïntrigeerd door de grafstenen en vertelt dat Mongoolse krijgsheren zich er met hun geliefde paarden lieten begraven.

De zuidelijkste steen van Ushigiin Uver is de wonderlijkste. De granieten sculptuur bestaat uit een lange dunne vierkante schacht die in een fijn patroon van herten en ronde ogen is gewikkeld. Boven in de steen is een menselijk gezicht in hoogreliëf gehouwen, dat over de steppen van Khövsgöl uitkijkt. Het is een krachtig gezicht met hoge jukbeenderen, waarin zowel mannelijke als vrouwelijke trekken te zien zijn, en de uitdrukking op het gezicht is zo sterk dat ik het gevoel heb dat de figuur mij opneemt in plaats van andersom. Het eeuwenoude beeld staat bewegingsloos in de steppe, maar lijkt niets te ontgaan. Als ik me omdraai en naar Biba en zijn busje terugloop kan ik de ogen in mijn rug voelen priemen.

Binnen-Mongolië

*'But of these old abandoned cities of Tartary,
not a tradition remains... Oh with what sadness
does such a spectacle fill the soul!'*
E. Huc en J. Gabet, *Travels in Tartary, Thibet and China*
(1851)

Het is zeven uur in de morgen en nog vroeg voor Mongoolse begrippen. We rijden door de grote stenen Poort van Ulaan-baatar de stad uit naar het Buyant-vliegveld. De wegen zijn uitgestorven, de stoplichten staan nog uit en in het *ger*-district langs de weg naar het vliegveld rookt slechts een enkele schoorsteenpijp. Ik stoot de taxichauffeur naast me aan en wijs op een billboard langs de weg met een foto van een buitenlander en een Mongools meisje. De man haalt zijn voet van het gas en buigt zich over zijn stuur naar voren om het bord te zien.

'Ben jij dat?' vraagt hij verbaasd, 'en is dat je vrouw?'

'Ze heet Tuya, maar ze is niet mijn vrouw,' antwoord ik, waarna ik hem vertel hoe we op het bord terechtgekomen zijn.

Tuya werkte in hetzelfde gebouw als ik. Op een dag klopte ze op de deur van mijn kantoorkamer en vroeg of we op de trappen voor het gebouw een foto van ons tweeën konden nemen voor een advertentie voor haar Mongoolse handelscoöperatie. Omdat het rolletje in haar toestel bijna vol was, werd er slechts één foto genomen. Binnen een minuut zat ik weer achter mijn bureau.

De volgende dag vroeg Tuya of we opnieuw een foto konden nemen, de eerdere foto was afgekeurd.

'Je lijkt te veel op Poetin, de Russische president,' giechelde ze, 'en dat is niet de boodschap die we in de advertentie uit willen dragen.'

Opnieuw werd er een foto van ons genomen. Twee maanden later zag ik in het vliegtuig naar Ulaanbaatar de advertentie in het 'inflight magazine' staan, maar ik was verbijsterd toen bleek dat er ook een billboard van was gemaakt dat langs de weg naar het vliegveld werd opgesteld. 'Tailor made solutions,' staat er in grote letters op het bord, met daaronder een foto van Tuya en een wat bleke westerling die op het punt staat iets te gaan zeggen.

'Misschien wil je er op de terugweg een snorretje op tekenen?' stel ik voor en de taxichauffeur steekt grijnzend zijn duim omhoog.

Tien minuten later draaien we de parkeerplaats van het vliegveld op, waar de motoren van een Antonov 26 al staan warm te draaien. In het vliegtuig zit een handjevol passagiers met dikke jassen en mutsen tegen de kou. Het is eind februari en Mongolië ligt nog onder een deken van ijs en sneeuw.

Ik ben op weg naar Hohhot, 'De Blauwe Stad', in de Chinese provincie Binnen-Mongolië. Twee jaar eerder, in het voorjaar van 2001, ben ik daar aan de grens van China met Mongolië grafstenen tegengekomen met kruisen die uit lotusbloemen oprijzen en met wonderlijke inscripties in een schrift dat verschillende talen vermengt.

Het doel van deze reis is om voor de Nederlandse Hulsewé-Wazniewski Stichting aan de universiteit van Leiden een overzicht van de voorstellingen en motieven op de monumenten te maken, en oude grafstenen op te sporen voordat deze verloren gaan. De grafstenen waren van de Öngöt, een volk waaronder veel nestoriaanse christenen leefden, die zich tijdens de Mongoolse overheersing van China ten noorden van de Gele Rivier in de Gobi-woestijn gevestigd hadden. In de dertiende eeuw, in de periode dat Marco Polo naar China trok, reisden twee volgelingen van deze nestoriaanse kerk vanuit de Chinese hoofdstad naar het westen, en uiteindelijk zou een van hen Rome en Parijs bereiken en de geschiedenis ingaan als de eerste Chinees in Europa. De meeste van de vroegchristelijke graven die ik in 2001 vond waren echter herhaaldelijk geplunderd. In een recent geval was er zelfs een bulldozer door een dertiende-eeuwse nestoriaanse begraafplaats gereden om de laatste erfstukken in de graftombes te bereiken. (Ik heb het verhaal van deze tocht naar de Gobi uitgebreid beschreven in *De verloren lotuskruisen: een zoektocht naar de steden, graven en kerken van vroege christenen in China*, Altamira-Becht, Haarlem 2002.)

De stenen liggen aan de noordelijke kant van de Chinese Muur in een van oorsprong etnisch Mongools gebied, dat na 1949 met Chinese migranten werd overspoeld. In de provincie Binnen-Mongolië zijn er voor iedere Mongoolse inwoner inmiddels zeven Han-Chinezen te vinden.

Als het vliegtuig in Hohhot geland is, zijn we onmiskenbaar in China. In de straten van De Blauwe Stad prijzen de venters hun waren in het Chinees aan en de winkels en warenhuizen hebben grote Chinese karakters boven hun deuren; in de restaurants worden rijst en noedels gegeten en uit de theepotten stroomt groene thee. Af en toe zijn er Mongoolse gelaatstrekken in een gezicht te zien, maar de enige Mongoolse *deel* die ik zie wordt gedragen door een paspop die in de etalage van een Chinees reisbureau staat.

Regelmatig hoor ik voorbijgangers *laowai* fluisteren, 'buitenlander!', en verschillende kindertjes gillen 'Hellooo' tegen

Legerparade op het Sukhbaatar-plein na het uitroepen van de
Mongoolse Volksrepubliek; omstreeks 1930 (© NMMH).

me om zich vervolgens giechelend uit de voeten te maken. Alleen de naam Hohhot herinnert nog aan de Mongoolse oorsprong. Die nacht klinkt er vuurwerk in de straten, om het Chinese nieuwe jaar te vieren dat net is begonnen.

De volgende morgen word ik door meneer Na opgehaald. Na Wei werkt voor het Cultural Relics Bureau en hij zal een Chinese collega en mijzelf naar het noorden van de provincie brengen, waar we stenen met nestoriaanse kruisen hopen te vinden. Meneer Na is een Mantsjoe, het volk dat onder de laatste keizerlijke Qing-dynastie over China heerste, en deelt zijn familienaam met Cixi, de keizerin die China aan het begin van de twintigste eeuw regeerde toen Mongolië nog deel uitmaakte van het Chinese keizerrijk. De Qing-keizers veroverden eerst het gebied ten zuiden van de Gobi-woestijn en vervolgens dat ten noorden ervan, die zij respectievelijk Binnen- en Buiten-Mongolië noemden. Na de ondergang van de Qing in 1911 verwierf Buiten-Mongolië zijn onafhankelijkheid, maar Binnen-Mongolië bleef in Chinese handen.

De Qing noemden de Blauwe Stad Kweihua ofwel 'Terugkeer naar civilisatie', maar tijdens de Volksrepubliek werd de oude naam Hohhot in ere hersteld, en de stad staat daarom nu in het Chinees als Huhehaote op de kaart.

Plaatsnamen in China hebben van oorsprong vaak politieke connotaties en werden regelmatig veranderd wanneer er een nieuwe dynastie aan de macht kwam. In Binnen-Mongolië zorgen verschillende talen nog eens voor extra complicaties. Ik heb dan ook kaarten uit verschillende periodes bij me. De plaats waar we naartoe rijden is onder een veelvoud van namen bekend en staat op de kaarten aangegeven als Olon Sume In Tor, Yisun Sume en Aolinxinmu, maar ook als Ulansum of Wulanxinmu. Geen van deze namen kan de oorspronkelijke zijn geweest, want alle betekenen ze zoiets als 'Plaats van de vele ruïnes'. Ook heb ik een stapel dagboeken van vroege westerse bezoekers aan het gebied bij me; in een aantal daarvan zijn begraafplaatsen en steden met nestorianen beschreven.

Meneer Na is niet eerder in Olon Sume geweest en stelt voor om eerst naar het dorpje Bailing Miao ten noorden van Hohhot te rijden en daar een gids te zoeken die het uitgestrekte gebied goed kent. Hij heeft al iemand in gedachten: Sukh. Het is de eerste Mongoolse naam die ik hoor.

We rijden door de Da Qing Shan-bergen naar het noorden en als we de laatste pas oversteken strekt het steppeland van Binnen-Mongolië zich voor ons uit. Vergeleken met het onafhankelijke Mongolië is het gebied dichtbevolkt; langs de zandwegen liggen boerderijen en omgeploegde maïsvelden. De muren rond de boerenerven zijn beklad met opschriften die de inwoners aan de geboortebeperkingsregels van China herinneren: 'Eén kind betekent voorspoed' staat er in grote witte kalkstrepen op de lemen muren, en 'Meisjes zijn ook een goede toekomst'.

'Mongoolse ouders hebben als Chinese minderheid echter recht op maar liefst twee kinderen,' laat meneer Na weten. Ik vertel hem dat moeders in Mongolië een medaille krijgen als ze vijf kinderen baren en een tweede medaille voor het zevende kind. 'Herders in China mogen maar liefst drie kinderen hebben, maar ik denk niet dat de regering hun daarvoor een medaille geeft!' lacht hij.

Slechts één keer komen we een herder tegen die we de weg vragen. De man spreekt Mongools, maar is gekleed in een dikke Chinese legerjas en op zijn hoofd heeft hij een pet met daarop het woord *luyou*, Chinees voor 'vakantiereis'. Als we wegrijden vraag ik meneer Na waar het paard van de herder is. Na Wei wijst op een brommer die iets verderop tegen een hek staat.

In de middag bereiken we het stadje Bailing Miao, vernoemd naar het boeddhistische klooster dat uit de ruïnestenen van Olon Sume zou zijn opgebouwd. Zowel Olon Sume als Bailing Miao ligt aan de Aibagh In Gol-rivier, die in een opvallende lus rond het klooster stroomt en in een Mongoolse legende de 'Rivier van Angst' wordt genoemd.

Het Bailing-klooster werd tijdens de Qing-dynastie gebouwd. Omdat volgens de legende de Mongolen de Qing-keizer geen toestemming voor de bouw hadden gevraagd, gaf deze de rivier de opdracht om het klooster te verzwelgen. De stroom van de rivier begaf zich inderdaad richting het klooster maar de monniken wisten het onheil met hun gebed te keren, waarna de rivier uitweek en de tempel nog een keer van de andere kant probeerde aan te vallen, waar hij opnieuw door de biddende monniken in oostelijke richting verdreven werd. De Mongolen noemen het klooster dan ook Bato Khalagha In Sume, het Klooster van de Standvastige Verdediging, terwijl de Chinese immigranten het Bailing Miao noemen, het Klooster van de Leeuweriken, naar de vogels die er nestelen.

In 1911 werd het klooster gebrandschat door Chinese immigranten die door de Mongolen uit Buiten-Mongolië verdreven werden toen de laatste Chinese keizer van zijn troon gestoten werd. Het nieuwe Chinese regime was zich echter van de strategische positie van deze plaats bewust en betaalde de wederopbouw van het klooster en langzaam maar zeker groeide het aantal huizen er omheen uit tot een Chinees stadje.

Bailing Miao is het laatste station voordat karavanen zich de Gobi in wagen en ook de buitenlandse expedities die in de jaren dertig van de vorige eeuw naar de graven van Olon Sume speurden, sloegen er proviand in. Haslund Christensen, een lid van Sven Hedins expeditie, liet er in 1927 zijn lastdieren rusten en zijn karavaan van bijna driehonderd kamelen moet een indrukwekkende vertoning zijn geweest.

Nu oogt het stadje zoals zoveel andere plaatsjes in China. Borden met Chinese karakters wijzen de weg naar de uniforme overheidsgebouwen en de winkels zijn gevuld met Chinese waren. Zeventig jaar geleden was het stadje echter de zetel van een Mongoolse prins die in de drieëndertigste generatie van Genghis Khan afstamde en na de val van de laatste keizer van China in 1911 een onafhankelijke staat in Binnen-Mongolië probeerde uit te roepen. De prins had de Mongoolse naam Demchukdongrob maar is beter bekend onder zijn Chinese naam De Wang. Zowel de prins als het klooster heeft een opmerkelijke rol gespeeld in de onafhankelijkheidsstrijd van Mongolië, en in zekere zin gaven de gebeurtenissen die hier plaatsvonden de wereldgeschiedenis een belangrijke wending.

Eind jaren dertig viel Japan Binnen-Mongolië binnen, een van de redenen waarom een Amerikaans-Engelse expeditie die de nestoriaanse grafstenen bestudeerde het gebied haastig verliet en een aantal stenen begroef. De sovjets versloegen de Japanse legers, waarop Japan besloot de Mongoolse veroveringen uit te stellen en zich eerst te concentreren op Amerika, met als gevolg het bombardement van Pearl Harbour. 'De weg naar Pearl Harbour leidde door Mongolië,' merkt de Engelse auteur Jasper Becker dan ook in zijn studie van Mongolië op.

Aan het einde van de Tweede Wereldoorlog veroverden de sovjet- en Mongoolse troepen Binnen-Mongolië. Stalin besloot echter Binnen-Mongolië aan de Chinese nationalistische regering af te staan in ruil voor de erkenning van Buiten-Mongolië als onafhankelijke staat.

De gevolgen voor prins De Wang waren desastreus. De nationalistische regering van China zette de prins in Peking gevangen, maar De Wang wist in 1949 tijdens de chaos van de communistische revolutie naar Ulaanbaatar te ontsnappen.

Nadat Mao Zedong de Chinese Volksrepubliek had uitgeroepen, stuurde hij in 1950 een commissie naar Mongolië om de uitlevering van De Wang te bewerkstelligen. De MPRP stemde in en De Wang werd naar Peking gebracht waar hij samen met de laatste keizer van China gevangen werd gezet. In 1963 werd hem gratie verleend en kreeg hij een aanstelling als onderbibliothecaris in Hohhot, een functie die hij tot zijn dood in 1966 behield.

In het provinciaal museum van Hohhot zijn twee foto's over deze episode in de permanente tentoonstelling opgenomen. Op de eerste foto is het klooster Bailing Miao te zien, dat in de uitgestrekte steppe van Mongolië ligt, voordat het huidige Chinese stadje gebouwd werd. Op de andere foto staat De Wang tegenover een Japanse officier en een Chinese mandarijn. De prins draagt een legeruniform en zijn Mantsjoe-vlecht heeft hij afgeschoren ter viering van de onafhankelijkheid van Buiten-Mongolië, de staat die hem later zou verraden en aan China zou uitleveren. In het Chinese foto-onderschrift wordt de prins een collaborateur van de Japanse troepen genoemd.

Hoewel er nog altijd een Mongoolse beweging is die zich voor de onafhankelijkheid van Binnen-Mongolië opwerpt, is het onwaarschijnlijk dat Binnen- en Buiten-Mongolië ooit verenigd zullen worden, en als dat al het geval zou zijn, dan zou het verenigde Mongolië voornamelijk uit Chinese immigranten bestaan.

Terwijl ik door de straten van Bailing Miao loop, moet ik onwillekeurig aan Ulaanbaatar denken en vraag ik me af hoe Mongolië eruit had gezien als het land als de 'autonome provincie Buiten-Mongolië' in de Chinese Volksrepubliek terecht was gekomen. Het steppeland is misschien wel door het oog van de naald gekropen.

Bailing Miao is echter om een andere reden voor mijn reis van belang. Behalve het gerucht dat het klooster waarnaar het plaatsje vernoemd is uit de stenen van de ruïnestad Olon Sume zou zijn opgebouwd, werden er aan het begin van de twintigste eeuw een aantal vroeg-christelijke grafstenen en stenen tabletten met teksten naar de tempel gebracht. De meeste nestoriaanse stenen zijn inmiddels verdwenen, maar een aantal is nog in Bailing Miao te vinden.

Voordat we op zoek gaan naar de grafstenen bezoeken we echter Sukh, die voorstelt om meneer Babala, de directeur van het lokale Culturele Departement om raad te vragen. Niet lang daarna komt meneer Babala op zijn brommer aangereden. Ik laat hem plaatjes zien van lotuskruisen zoals we zoeken en Babala knikt bedachtzaam. 'Tijdens de bruiloft van mijn neef,' zegt hij, 'ben ik een wandelingetje gaan maken. Op het erf van een Mongoolse herder ben ik toen zo'n steen tegengekomen.'

De neef woont in het noorden van de provincie en meneer Babala biedt aan ons de volgende dag naar de boerderij van zijn neef te brengen, vanwaar we de grafsteen kunnen zoeken.

De volgende morgen rijden we langs de dertiende-eeuwse nestoriaanse stad Olon Sume In Tor naar het noorden van Binnen-Mongolië. De verloren stad werd eind jaren twintig ontdekt door Huang Wenpi, een Chinees lid van Sven Hedins expeditie. De restanten van de stadsmuren staan na zeven eeuwen als afgeslepen sculpturen in het zand, maar zijn bij elkaar bijna vier kilometer lang. Tussen de resten van de verloren stad zijn tegels van een kerkje uit de dertiende eeuw ontdekt en tientallen grafstenen met lotuskruisen en Syrische teksten. Daarnaast zijn er in het gebied ten zuiden van de stad bronzen kruisen uit de dertiende eeuw gevonden met boeddhistische motieven van swastika's, zoals ook de afbeeldingen op de nestoriaanse grafstenen christelijke, boeddhistische en soms zelfs islamitische motieven vertonen. Aan de noordkant van de stad steken we de bevroren rivierbedding van de Aibagh In Gol, de

Rivier van Angst, over om de steppe in te rijden. Tussen de stenen en het woestijngruis groeit kort, dor gras en het landschap golft tot aan de horizon. Het gebied is zo noordelijk dat er geen landbouw meer kan plaatsvinden, maar er is nog genoeg gras voor schapen. Heel af en toe staat er een lemen huis langs de rivier; één keer zie ik een *ger*-tent op een erf staan. Het is een prachtige morgen, met een stralende zon aan een staalblauwe hemel, hoewel er een koude noordelijke wind uit Mongolië komt opzetten.

We rijden uren door, totdat we het huis van de neef van Babala bereiken, waar gestopt wordt om te eten. Rond de deuren en ramen zijn lange repen rood papier geplakt met teksten en goede wensen voor het nieuwe maanjaar, zoals in China gebruikelijk is.

Binnen zit de familie op een *kang*, een kamerbreed stenen bed waarin een vuurtje brandt zodat de stenen 's nachts warmte afgeven. Er wordt een bord schapenvlees op tafel gezet en uit een thermosfles wordt melkthee met een klontje boter geschonken. Naast de kommen liggen messen om het vlees van de botten te snijden, maar ook eetstokjes. Er kan geen twijfel over bestaan: de familie van Babala is onmiskenbaar Mongools, zij het met Chinese karakteristieken. Zelfs het schrift op de Chinese nieuwjaarsstroken rond de ramen is Mongools.

Niet ver daarvandaan staat de boerderij waar Babala tijdens zijn wandelingetje de steen vond. Als we bij de boerderij aankomen worden de schapen en geiten juist naar binnen gedreven. De herder vertelt dat de steen op zijn erf bij een van de stallen ligt en drijft zijn schapen een andere omheining binnen om het erf weer vrij te maken. Alleen de kippen en lammetjes worden binnen de hekken gehouden.

De muren van de stallen en het huis van de herder zijn uit

Nestoriaanse grafstenen op boerenerf in Binnen-Mongolië (CIRCA / Tj. Halbertsma).

een mengsel van leem, klei en stro opgetrokken. Op de stalmuren liggen balken en boomstammen die een dak van klei en takken dragen en een van de deurposten van de staldeuren scharniert tegen een stenen pilaar, die onmiddellijk mijn aandacht trekt. Het is een nestoriaanse grafsteen, waarin motieven gebeiteld zijn van golven en bloemen, en in de top van de steen is een kruis gehouwen dat uit een lotusbloem oprijst. Bovendien staan er schrifttekens op die Syrisch lijken. Het is een van de mooiste nestoriaanse grafstenen die ik in China gezien heb. Het gevaarte staat echter verticaal opgesteld, terwijl de grafsteen vroeger horizontaal over het graf werd geplaatst. Om de steen op zijn plaats te houden heeft de herder er een muur tegenaan gemetseld en het onderste gedeelte van de steen in een gat in de grond laten zakken, waardoor een deel van de motieven en decoraties onzichtbaar is. Ook het grafschrift dat in de steen gehouwen is verdwijnt deels in de grond, zodat het onduidelijk is hoeveel tekst erop staat.

'Ik heb de steen niet ver van hier gevonden,' vertelt de herder desgevraagd. 'Mijn vader heeft hem daar als kind al zien liggen, nu zo'n zeventig jaar geleden, en vanwege alle versieringen heb ik besloten er een deurpost van te maken.'

De meeste nestoriaanse grafstenen die ik in Binnen-Mongolië heb gezien zijn verplaatst. Sommige boeren bouwen er muurtjes van en op een boerderij in het zuidoosten van het district staan zelfs de hoeken van het huis op dertiende-eeuwse grafstenen die als fundamenten zijn gebruikt. Een aantal andere stenen is door de provinciale overheid weggehaald of begraven om ze tegen grafrovers te beschermen. Daarnaast is een aantal stenen verborgen door de Amerikaans-Engelse expeditie die in de jaren dertig vlak voor de Japanse invasie door het gebied trok. Het merendeel van de stenen lijkt dan ook nog steeds in de grond verborgen te zitten.

Babala denkt echter nog meer stenen te kunnen vinden die in een put gemetseld zijn die verder naar het oosten moet liggen.

Het is inmiddels laat in de middag en de wind komt nu stevig opzetten. De zon is alleen nog als een witte vlek achter de wolken te zien. Desondanks besluiten we de bron met de grafstenen te zoeken.

Het is een slechte beslissing; twee uur later staan we vast in een sneeuwstorm. Het zicht is nog geen twintig meter en de wind blaast de vlokken horizontaal over de vlakte. De auto is in een met sneeuw gevulde greppel gevallen en kan alleen met veel geduw en getrek worden bevrijd.

Meneer Na besluit dat het genoeg is en we proberen onze sporen terug te volgen en naar een boerderij te rijden die we eerder gezien hebben, waar we kunnen schuilen. De storm gaat in de avond plotseling even snel liggen als hij is opgekomen en we rijden uiteindelijk door een vredig wit sneeuwlandschap terug naar Bailing Miao. De nestoriaanse stenen in de waterput zullen tot een volgend bezoek moeten wachten.

Door de sneeuw zijn er geen zandwegen meer te zien, en we volgen een stuk Grote Muur uit de Jin-dynastie dat als een baken door het landschap loopt. De muur bestaat uit een aarden wal die de Mongolen en andere vreemdelingen, zoals de nestoriaanse christenen, buiten het Chinese rijk hadden moeten houden. Uiteindelijk gebeurde het tegendeel en miljoenen Chinese immigranten bestormden Binnen-Mongolië vanuit het zuiden om de Mongoolse herders naar het noorden te verdrijven en zich in de steppe te vestigen.

Terug in Bailing Miao nodig ik Sukh, Babala en Na Wei uit voor een maaltijd. We zitten in een kamer in een Chinees restaurant die voor speciale gasten gereserveerd is. Op tafel staan borden groente, tofu, vis en tomaten met suiker.

'Mongolië is *xinku*, vol ontberingen,' zegt Sukh nadrukkelijk terwijl hij een schijfje lotuswortel in zijn eetstokjes neemt, 'er is geen groente en geen vis.'

Meneer Na kijkt me ontzet aan. 'Geen vis, geen groente,' herhaalt hij hoofdschuddend, '*xinku...*'

Tegen het einde van het maal haalt Babala een zijden *khadag* uit zijn zak en een zilveren kom die de Mongolen gebruiken om *airag* uit te drinken. Bij gebrek aan *airag* wordt de kom met *baijiu*, Chinese witte alcohol, gevuld. Sukh, die gehoord heeft dat het die dag mijn verjaardag is, besluit een Mongools lied te zingen. Als hij inzet, hoor ik inderdaad een bekende Mongool-se steppemelodie, maar de woorden zijn Chinees.

'Hoeveel schapen heb je gegeten?' zingt Sukh uit volle borst.

Sukh, die inmiddels zelf al enige glazen uit verschillende flessen *baijiu* achter de kiezen heeft, strekt zijn armen naar me uit om zijn lied kracht bij te zetten. Bij iedere toon wiegt hij zijn lijf heen en weer, waardoor de drank over de rand van de kom schiet en dikke druppels *baijiu* van zijn handen druipen.

'En hoeveel koeien heb je gegeten?' schalt Sukh die de *khadag* over zijn polsen heeft gedrapeerd. 'En hoeveel meisjes heb je gekust?'

Terwijl hij me de kom aanreikt, zet Sukh met falsetstem zijn toegift in. Hij heeft het hoofd in de nek gegooid en de ogen dichtgeknepen. Zweet parelt op zijn voorhoofd. 'Grasland van Mongolië, ik hou van u,' klinkt het in het Chinees, en iedereen rond de tafel knikt goedkeurend.

Een week later wacht ik in een hotellobby in Hohhot op meneer Gai, een gepensioneerde medewerker van het Cultureel Erfgoed Departement van Binnen-Mongolië. Meneer Gai heeft in de jaren zeventig en tachtig onderzoek naar de grafstenen van Olon Sume In Tor gedaan en op tientallen andere locaties in de provincie opgravingen verricht. Daarnaast heeft hij in de Yin Shan-bergen ten zuiden van Hohhot een vallei met honderden rotsschilderingen ontdekt. Hoewel hij inmiddels een hoge politieke functie in het provinciale bestuur van Binnen-Mongolië bekleedt, is zijn werkelijke passie het onderzoek naar de nestoriaanse stenen. Stipt om drie uur wandelt de gepensioneerde onderzoeker het hotel binnen. Meneer Gai is het archetype van een traditioneel Chinees kaderlid. Hij is gekleed in een eenvoudig jasje met hoge boord. Zijn grijze haar is zwart geverfd en zijn brillenglazen zijn beduimeld. Achter hem loopt zijn zoon met een grote zwarte koffer.

Nadat we elkaar hebben begroet vertelt meneer Gai dat hij de meeste stenen die hij documenteerde in geen jaren gezien heeft, maar dat hij in zijn koffer een aantal notities en afbeeldingen heeft die hij me wil tonen.

'En dit is nog maar een gedeelte van wat mijn vader heeft,' zegt de zoon veelbetekenend terwijl hij de riemen rond de koffer losmaakt. Als hij de koffer opent, blijkt die tot de rand toe gevuld te zijn met aantekeningen, met de hand getekende plattegronden, negatieven en schetsen. Voorzichtig vouwt meneer Gai een van de wrijfprenten open die hij van een nestoriaanse grafsteen heeft gemaakt. Het is een reusachtig vel papier waarop hij de inscripties en motieven die in de steen gebeiteld stonden heeft gekopieerd. Terwijl zijn zoon de prent weer zorgvuldig opbergt, bladert meneer Gai door de papieren in zijn koffer. Zo nu en dan houdt hij een negatief tegen het licht of laat hij een zwartwitfoto van een nestoriaans kruis of steen zien. Ondertussen vertelt hij dat hij een aantal Chinese artikelen en een boek over de stenen geschreven heeft, en dat hij hoopt dat een buitenlandse uitgever geïnteresseerd is in het materiaal. De meeste foto's zijn twintig jaar eerder genomen en het merendeel is nooit afgedrukt, laat staan gepubliceerd. Daarnaast zijn de meeste stenen die op de negatieven staan inmiddels verdwenen.

'Er is nog zoveel te vertellen,' verzucht hij. 'Ik kan natuurlijk het klassieke Chinees lezen, maar weet met de Mongoolse en Syrische teksten geen raad.'

De teksten waar hij op doelt zijn in een metershoge stenen tablet gehouwen, die ik de dag ervoor in het depot van zijn instituut heb zien staan. Aan de bovenzijde van de steen die meneer Gai vond is de kelk van een lotusbloem afgebeeld met daarin een nestoriaans kruis. Daaronder staan drie teksten in drie verschillende schriften. Het tablet lijkt wel een soort Chinese steen van Rosette: een vroeg-Mongools schrift, klassieke Chinese karakters en oud-Syrisch prijken in het gele graniet. De steen is van onschatbare waarde. Meneer Gai blijft onverstoorbaar nieuwe stapels foto's, wrijfprenten en schetsen van nestoriaanse erfstukken uit zijn koffer tevoorschijn halen. Bijna drie uur later bereikt hij de bodem van zijn schatkist.

'En dan zijn er natuurlijk de gouden kruisen,' zegt hij, terwijl hij me een aantal foto's aanreikt. Op de foto's zijn gouden schijven te zien met nestoriaanse kruisen. Sommige kruisen zijn in hoogreliëf op de schijven gesmeed, andere erin gegrift. Tussen de armen staan wolken en cirkels afgebeeld en in het hart prijken edelstenen.

Meneer Gai vertelt hoe de gouden voorwerpen onlangs in een graf zijn gevonden en nu in het bezit van een koopman zijn. Zoals bij zoveel andere graven in Binnen-Mongolië blijkt het graf leeggeroofd te zijn en is er verder maar weinig over de herkomst van de kruisen bekend.

'Als je terugkomt, zal ik je aan hem voorstellen, en dan kun je de kruisen met eigen ogen zien,' zegt meneer Gai, terwijl hij de koffer behoedzaam sluit en de riemen rond zijn schatkist bindt.

Zwarte Wenkbrauwen, Rijk Eiland en Geluk

'Maar het mooiste van alles was de perfectie waarmee ze vlogen, hun
vleugeltips bewegend op precies een centimeter afstand van de zijne.'
Richard Bach, *Jonathan Livingston Zeemeeuw* (1970)

Op een septembermorgen zie ik in Ulaanbaatar dat de eerste
sneeuw na de zomer alweer gevallen is. De sneeuw bedekt de
toppen van de Bogd Khan-bergen in het zuiden van de stad en
ik moet aan Aralbay de adelaarjager denken en zijn uitnodi-
ging om in de winter terug te komen, als het jachtseizoen geopend is en hij met zijn adelaar op jacht gaat. Tijdens het eerdere bezoek aan Aralbay heb ik alleen de adelaar op zijn arm
zien zitten, maar ik wil het dier graag zien vliegen en jagen.

Ik bel Canat in Ölgii om hem te vragen hoe ik Aralbay kan
vinden. Canat heeft ondertussen National Geographic, Discovery en Geo door het noordwesten van Mongolië gegidst en is
in Bayan-Ölgii een beroemd man geworden die expedities
door West-Mongolië leidt. Canat stelt voor om Aralbay begin
oktober op te zoeken wanneer de jager zich klaarmaakt om
zijn adelaar in een festival met zestig andere jagers te meten.
Het festivalterrein ligt per paard op vier dagreizen van de *ger*
van Aralbay, maar als we op tijd komen kan ik met Aralbay
mee naar het festival rijden. De tocht loopt dwars door de Altai-bergen, en we zullen buiten moeten overnachten.

'Je leent een paard voor de tocht, en onderweg kunnen jullie
jagen,' verzekert Canat me door de telefoon. 'Je hebt geluk, het
zal de eerste jacht van deze winter zijn.'

Daarnaast waarschuwt hij dat het koud zal zijn en zal sneeuwen. Het is een aanbod dat ik niet kan afslaan, en dus koop ik die dag een vliegticket naar het westen van Mongolië.

Eind september kom ik in Ölgii aan en wandel ik met mijn bagage naar het huis van Canat. Ölgii is een klein stadje op bijna 1400 kilometer afstand van Ulaanbaatar. Het ligt op 1700 meter hoogte en vanaf iedere straat kun je de machtige pieken van de Altai-bergen zien. In het centrum ligt een plein met daaromheen roomkleurige overheidsgebouwen, evenals twee grote zuilen met de borstbeelden van Lenin en Sukhbaatar. Er is nauwelijks verkeer en de auto's die langskomen zijn antieke Russische Volga's en Moskvichs met bolle spatborden en enorme verchroomde radiatoren tussen ronde koplampen. Een enkele keer passeert er een motor met zijspan, met een al even bolle tank.

Aan de westkant van het centrale stadsplein staat een enorm rood bouwwerk; het theater dat door de president van Kazakstan aan Ölgii is geschonken. Mongolië en Kazakstan worden door Rusland van elkaar gescheiden, maar liggen op nog geen negentig kilometer van elkaar. Na 1990 trokken duizenden Kazakken uit Bayan-Ölgii naar het jonge Kazakstan, dat na het uiteenvallen van de Sovjet-Unie zijn onafhankelijkheid had uitgeroepen. Inmiddels keren de uitgeweken families een voor een weer terug naar Bayan-Ölgii, waar ze het toch beter denken te hebben.

Op weg naar Canats huis kom ik langs het oude appartement van de familie Parker en een merkwaardig huis waar achter de vensters dikke tralies zitten. Het appartement is van een Amerikaanse Vredescorpsvrijwilliger die de tralies aan de binnenkant van zijn ramen plaatste omdat hem verzekerd was dat als hij dat aan de buitenkant zou doen, het ijzerwerk gestolen zou worden. Net als in Ulaanbaatar zijn hier de meeste appartementenblokken met graffiti bewerkt. Op de gevel van een van de blokken heeft iemand met een blauwe spuitbus een aandoenlijk 'Hop-Hip' gespoten.

Bij het huis van Canat aangekomen zie ik dat hij zijn UAZ-busje al heeft ingeladen; na de begroeting en de thee rijden we samen Ölgii uit en al snel laten we de laatste huizen achter ons.

De Altai is een enorm gebergte, dat van Rusland door Mongolië naar China loopt. Tussen de rotspieken leven sneeuwluipaarden, maar de dieren zijn zo schuw dat ze vrijwel nooit gezien worden. Onderweg zien we alleen een vosje, en Canat staat op zijn rem om het dier na te kunnen kijken.

In de avond bereiken we de *ger* van Aralbay, die met drie andere tenten langs een rivier staat. Vanaf de rivier zijn de besneeuwde toppen van de heilige berg Tsanbagarab te zien.

Aralbays vrouw verwelkomt ons en vertelt dat haar man naar een trouwerij is en pas laat in de avond zal thuiskomen. Binnen liggen dikke gekleurde vilten tapijten op de grond en achter de bedden hangen bont geborduurde lappen. De vrouwen dragen hoofddoeken die in al even felle kleuren als de tapijten geweven zijn. De tent is beduidend hoger dan de Mongoolse *ger*s en heeft daarnaast geen steunpalen onder het latwerk. Alleen als het hard waait wordt een stok onder de ronde *toono* gezet zodat de tent niet in elkaar stort. De tapijten liggen alleen aan de noordzijde, het domein van de gasten en de heer des huizes en omdat er geen houten vloer is, groeit er gras onder de bedden. Aan de wanden hangen vossen- en wolvenhuiden en leren attributen van de adelaar: een kap voor over de kop, manchetten voor om de poten en leren lijnen om het dier aan vast te leggen zodat het niet wegvliegt. De manchetten zijn gemaakt van de huid van een ibex die Aralbay de winter daarvoor geschoten heeft. In een linnen zak boven een kist hangt het gebedsboek, maar in plaats van de boeddhistische soetraboeken die je meestal in *gers* vindt heeft Aralbay, zoals de meeste Kazakken, een koran. Tussen de bladzijden heeft hij de uitgevallen veren van zijn adelaar gestopt.

Naast de zak hangt een rood lapje fluweel met de moederschapsmedaille in de tweede orde; Aralbay en zijn vrouw hebben zes kinderen die allen nog thuis wonen. De jongste van de kinderen heeft een geborduurd mutsje op waarop een pluim adelaarsdons recht omhoog staat.

We drinken thee terwijl we op de tapijten liggen en wachten op de terugkomst van Aralbay.

Als hij thuiskomt is hij stomdronken.

Het is een beer van een kerel, met een vierkante kop, een bruin gelaat en een kaalgeschoren hoofd met een imposante hangsnor.

'*Keshir*,' zegt hij terwijl hij me zo stevig omhelst dat de lucht uit mijn longen geperst wordt.

'*Keshir*,' antwoord ik en allen moeten lachen – het woord betekent 'Vergeef me'.

'Je bent dronken,' zegt zijn vrouw.

'Ik ben dronken...,' bevestigt hij.

'De vorige keer dat Tjalling hier was, was je ook dronken,' zegt Aralbays vrouw met een snelle blik naar mij.

Aralbay verontschuldigt zich nogmaals en legt uit dat hij naar een bruiloft is geweest. Slechts met veel moeite heeft hij aan de feestgangers weten te ontkomen.

De dronkenschap heeft hem eerder energiek dan suf gemaakt en als hij mij opnieuw de hand schudt ben ik verbaasd hoeveel kracht nog in de zijne zit.

'Geen zorgen,' zegt hij, 'morgen is alles goed!' en hij komt naast me op de tapijten zitten.

Canat knikt en voegt eraan toe dat Aralbay zelden een kater heeft.

Maar eerst wordt er een maal gegeten. De meeste Kazakken zijn moslim en bidden voor het eten. Aralbay staat op en verkondigt, zwaaiend op zijn benen en met zijn armen in de lucht, dat de Kazakken in Bayan-Ölgii de laatste pure moslims zijn, nu Amerika de oorlog aan de islam heeft verklaard. Een andere man trekt hem aan zijn jas weer terug op de grond. De mannen leggen de handen met de palmen omhoog op de knieën en luisteren naar het gebed dat de broer van Aralbay in het Arabisch uitspreekt. Vervolgens strijken ze de handen ritueel over het gelaat en wordt er gegeten.

We eten een 'vijfvingermaal': een groot bord met schapenvlees, uien en penen dat tussen ons in staat en waaruit we met onze rechterhand eten. Eerst eten de mannen en als we klaar zijn, wordt het bord aan de vrouwen en kinderen doorgegeven. Alle mannen in Aralbays *ger* behoren tot de Karakas, de clan van de Zwarte Wenkbrauwen, en Aralbays naam betekent in het Kazak 'Rijk Eiland'.

Canat vertelt hoe belangrijk voedsel voor de Karakas is: 'Het is belangrijker dan de koran. Als je daardoor bij voedsel kunt komen, mag je zelfs op de koran gaan staan.'

Er wordt regelmatig gebeden en de volgende dag wordt er aan mij gevraagd om in het gebed voor te gaan. Ik vertel dat ik noch in het Arabisch noch in het Kazak kan bidden en dat ik dat daarom in mijn eigen taal zal doen. Maar ik ben niet zo'n bidder en probeer snel iets gepasts te bedenken. Het enige wat me te binnen schiet is een spreukje dat we thuis als kind voor het avondeten uitspraken.

Iedereen heeft de handen met de palmen omhoog in de schoot liggen en de mannen hebben de ogen neergeslagen als

Adelaarjager in Ölgii (CIRCA / Tj. Halbertsma)

ik het spreukje opzeg. 'Aarde droeg het in haar schoot, zonlicht bracht het rijp en groot...,' hoor ik mezelf zeggen.

De mannen zitten nog altijd met gebogen hoofden om me heen.

Ik laat het 'eet smakelijk', waarbij we thuis elkaar bij de handen pakten maar achterwege. De mannen strijken respectvol de palmen over het gelaat, zeggen: 'Daragmed' ('Dank'), en dan eten we opnieuw een 'vijfvingermaal'. De wodka vloeit rijkelijk en we toasten op alles wat ons te binnen schiet: vriendschap, winnende adelaars, eeuwige vrede tussen Nederland en Ölgii, en – als de mannen horen dat ik ongehuwd ben – een goede vrouw voor mij. Als de laatste fles geleegd is, brengen de vrouwen hun dronken mannen naar bed. Ze sjorren de laarzen van hun benen en trekken de hoeden van de koppen. Aralbay snurkt erop los, maar staat de volgende dag fris als een hoentje op om zijn adelaar te laten zien.

'We jagen alleen met de wijfjes,' zegt hij, 'die zijn groter en ook agressiever dan de mannetjes.'

De vogel is inderdaad enorm. Ze is vastgebonden op een eilandje in de rivier zodat Aralbays kinderen er niet bij kunnen, en heeft een dikke leren lijn aan een van de poten om te beletten dat ze wegvliegt. Als we de rivier oversteken, heeft het dier ons al zien aankomen, maar na een eerste blik negeert de vogel me volkomen totdat ik een stap dichterbij kom en de kop zich razendsnel naar me toedraait. De gitzwarte pupillen staan in bruine irissen, zijn hyperalert en de ogen zijn onbetwist die van een roofvogel; de oogleden sluiten zich verticaal.

'Er wordt gezegd dat een adelaar acht keer zo goed kan zien als de mens,' vertelt Aralbay. Hij trekt een dikke leren handschoen aan en laat het dier op zijn arm plaatsnemen. De handschoen komt tot over zijn elleboog en voorkomt dat de klauwen zijn arm verwonden. Als de vogel haar vleugels uitslaat om het evenwicht te bewaren, zie ik dat die ruim twee meter wijd zijn. Hij heeft het dier de afgelopen tien dagen geen eten gegeven om haar extra agressief te maken. Een adelaar kan ruim veertig dagen zonder voedsel. Voorzichtig strijkt hij de veren in de nek van de adelaar glad, waarna hij de vogel weer op de stronk terugzet.

Aralbay heeft de vogel als jong dier uit het nest gehaald, een riskante bezigheid gezien de agressie van de wijfjes. 'Ik ben naar het nest geklommen toen de moeder aan het jagen was,' legt hij uit. 'Mijn vader was woedend dat ik zo stom was geweest. Het was inderdaad riskant,' vervolgt hij, 'maar de Kazakken jagen al tweeduizend jaar met de adelaars.' Vervolgens zette hij de vogel op een stok die hij als een trapeze aan twee leren riemen had gebonden. Na twee dagen balanceren op de stok was het dier 'gebroken' en kon de training beginnen. Met een stuk vlees in de hand lokte hij de vogel naar zich toe.

'De eerste keer dat ik de vogel recht op me af zag vliegen, raakte ik in paniek en gooide ik het vlees weg. De roofvogel stortte zich echter op het vlees, en ik had de eerste les van de adelaar geleerd,' zegt hij, 'een adelaar jaagt op prooi.'

Aralbay heeft goede hoop voor de eerste jacht van het seizoen. 'De adelaar heeft honger en is daarom agressief, terwijl de vossen nog niet zo alert zijn,' voorspelt hij.

Voordat we naar Ölgii rijden, beslaat de broer van Aralbay diens paard met nieuwe hoefijzers. Hij bindt een touw aan beide voorbenen, waarna hij een lus om een van de achterbenen slaat. Door het touw aan te trekken laat hij het paard struikelen waarna hij de vier benen bij elkaar bindt en het enorme beest letterlijk op zijn rug legt. De samengebonden poten staan schuin omhoog. Het paard heeft zijn ogen wijd opengesperd en briest terwijl Aralbay's broer rustig nieuwe hoefijzers onder de hoeven slaat.

Armanbek, de oudste zoon van Aralbay, die mee zal gaan naar Ölgii, heeft een schaap geslacht zodat we genoeg vlees voor de tocht hebben. Aralbay heeft ondertussen zijn mooiste en kostbaarste zadel en tuig uit zijn *ger* gehaald. Als hij zijn paard heeft gezadeld, rinkelen de zilveren bellen aan de teugels en zijn zadel. Hij heeft een Kazakse *deel* van zwart ribfluweel aangetrokken en een hoed van vossenbont op het hoofd. De bontmuts heeft een lange flap van rode stof in de nek, die ook met vossenbont is afgezet. Om zijn middel heeft hij een riem van leer met zilverbeslag van zwevende adelaartjes, waaraan een kleurrijk geborduurde zak hangt met bloedrood vlees van een konijn waarmee hij de vogel terug kan lokken als die is uitgevlogen. Hij stapt met de adelaar op zijn arm in het zadel. Voor de lange rit heeft hij een gevorkte tak als steun tussen zijn arm en zadel gezet om het gewicht van de roofvogel te dragen. Als ik de tak beter bekijk, zie ik dat de vork is gesneden in de vorm van de vleugels van een adelaar die een duikvlucht maakt naar een vosje dat in de steel te zien is. Het beest op zijn arm heeft een leren kap over de kop en zit met ingetrokken nek roerloos op het leer van de handschoen. De poten hebben enorme klauwen, die groter zijn dan mijn handen. Aralbay zit majestueus in het zadel, geeft zijn paard de sporen en rijdt langs de rivier weg.

In een *ger* stroomopwaarts woont een tweede adelaarjager, Bakyl (Kazak voor 'geluk'). Rijk Eiland en Geluk zullen samen naar Ölgii rijden.

De vogel die Geluk op zijn arm draagt, is te jong om de wedstrijd in Ölgii te winnen, maar hij heeft haar meegenomen om haar aan de jacht te laten wennen en onderweg te trainen. In tegenstelling tot de adelaar van Aralbay heeft het dier moeite om op het paard in balans te blijven, en ze slaat regelmatig de vleugels uit om het evenwicht te bewaren. De veren van het jonge dier zijn nog diepzwart en gaan op de staart over in witte strepen.

Ik rij achter Rijk Eiland en Geluk aan en waan me in een andere wereld. Beide ruiters zitten rechtop in het zadel, de armen gesteund door de houten vorken en daarop hun enorme Gouden Adelaars. Met hun zwarte kleding, laarzen, bontmutsen en geweren op de rug zien ze er meer dan indrukwekkend uit.

We rijden in westelijke richting door de Altai-bergen, tot de jagers besluiten om naar de kam van een gebergte te klimmen waar ze vermoeden dat er vossen zijn. De paarden stappen over steenslag en leigruis omhoog. De leisteen rinkelen onder de hoeven. Op de kam aangekomen vraagt Aralbay me af te stijgen en aan de andere kant van de kam met de paarden mee te lopen. Hij gebaart me stenen van de helling af te gooien en zoveel mogelijk kabaal te maken.

'Katjoerrr,' doet hij voor. De adelaar op zijn arm reageert onmiddellijk en draait de gekapte kop een kwartslag. Het doel is om een vos op te drijven, waarna Aralbay zijn adelaar zal laten uitvliegen. Ik krabbel over de helling en brul de longen uit mijn lijf, terwijl ik hijgend stenen de helling af gooi.

'Katjoerrrrrrr,' schreeuw ik, terwijl ik mijn best doe de paarden op de bergkam bij te houden. Aralbay laat zijn adelaar regelmatig uitvliegen, maar de eerste dagen zal de jacht tevergeefs blijken.

Die avond wachten we bij een pas op Canat, die op zijn terugreis naar Ölgii ons daar eten zal brengen en een tent. We hebben die dag nog geen veertig kilometer afgelegd, maar het UAZ-busje is in geen velden of wegen te bekennen en op de pas zijn ook geen sporen van autobanden te zien.

Terwijl we noodgedwongen wachten, voert Bakyl zijn adelaar koude zwarte thee door een rubberen slangetje. Hij heeft het slangetje in de strot van de vogel geduwd, dat hij aan de lippen zet om een mondvol thee naar binnen te spuiten. Vervolgens duwt hij het dier een vierkant suikerklontje door de strot. De vogel slikt het scherpe blokje in één keer door. De adelaars worden daarna op twee rotsen achtergelaten, waar ze met de kop in de wind roerloos blijven zitten. Canat is nog altijd nergens te bekennen.

In de avond begint het koud te worden en we proberen een vuurtje te maken van de takken die we op de berghellingen vinden. Er groeien alleen korte stoppelige bosjes, met dunne takjes die snel opbranden. Daarnaast is de wind komen opzetten, waarmee alle warmte van het vuur meteen weggeblazen wordt. Tot overmaat van ramp begint het te sneeuwen. Het is het slechtste scenario voor een nacht buiten en voordat de zon ondergaat, sprokkelen we zo veel mogelijk hout. Bakyl heeft me een jasje gegeven dat van een schapenvel is gemaakt, maar desondanks heb ik het koud. De wind blaast een vonkenregen uit het vuur op en draait constant, zodat we om het vuurtje heen moeten blijven lopen zonder dat we kunnen gaan zitten. De mannen maken grappen over Canat, die ze geld hebben gegeven om een fles wodka te kopen. In het ene scenario is hij er met hun geld vandoor en in het andere heeft hij de wodka alleen opgedronken en ligt hij heerlijk in zijn busje te tukken. Rijk Eiland en Geluk lijken zich ermee verzoend te hebben dat we die avond buiten zullen slapen.

Om elf uur zien we echter twee autolampen aan het eind van het dal opdoemen. De auto ploegt door het grasland maar lijkt vervolgens een andere pas te willen oversteken. Bakyl is echter voorbereid en heeft in de namiddag een tak vol kleine droge sprieten gras gehangen die hij in het vuur steekt. Hij zwaait de brandende fakkel naar de auto, maar Canat rijdt onverstoorbaar door. Als zijn fakkel uit dreigt te gaan steekt Bakyl hem rechtstreeks in de bosjes, die knetterend beginnen te branden. De auto maakt een scherpe bocht en begint in onze richting te rijden. Bakyl probeert ondertussen de brandende bosjes weer uit te trappen en springt dansend tussen de vlammen.

Canat zet de auto met de neus in de wind op de pas en we klimmen rillend de auto in. De wind giert om het busje. Hij heeft twee lekke banden gehad. We drinken dampende mokken melkthee uit de thermosfles van Canat terwijl Armanbek, de zoon van Aralbay, die met Canat mee naar Ölgii rijdt, de flessen wodka tevoorschijn haalt.

Die nacht drinken Bakyl en Aralbay ieder ruim een liter Russische wodka. Ze staan met ontbloot bovenlijf op de pas tegen de loeiende wind te brullen en zwalken door de nacht om de auto heen. Bakyl laat de littekens op zijn arm zien, waar een adelaar hem greep toen hij zijn handschoen niet aan had. De klauwen hebben diepe putten in zijn onder- en bovenarm achtergelaten.

Omdat het te hard waait om de punttent op te zetten, maar wel gestopt is met sneeuwen, ben ik in een slaapzak in de luwte van de auto gaan liggen. Canat ligt op de voorstoelen van zijn busje te slapen, met zijn lijf in een lus om de motor die tussen de stoelen omhoog steekt. Vanwege de kou moet hij de motor iedere twee uur even laten draaien om te zorgen dat de auto de volgende dag ondanks de kou zal starten. De volgende morgen rijdt hij onvermoeibaar met Armanbek terug naar Ölgii, vanwaar hij zijn chauffeur zal terugsturen om mij vlak voor Ölgii weer op te pikken.

In de dagen daarna trekken we langs de bergkammen op zoek naar vossen. Het landschap is onbeschrijfelijk mooi en bestaat uit vergezichten van valleien en rotspartijen. De vossen zitten tussen de rotsen verborgen en zijn uitstekend in het roestbruine terrein gecamoufleerd. Aralbay rijdt over de kam en Bakyl speurt naar vossen. Als hij een vosje ziet rennen, brullen we luidkeels naar Aralbay die onmiddellijk de kap van zijn adelaar trekt en zijn arm in de richting van het vosje uitstrekt. Zonder kap komt de adelaar razendsnel tot leven en in een mum van tijd heeft ze het vosje gezien. Aralbay laat de leren riemen aan de poten van zijn vogel los, waarna het dier met machtige vleugelslagen het luchtruim kiest en op de thermiek door de vallei cirkelt. Het is razend spannend.

'Katjoerrrrrr!' brul ik.

Het vosje rent door de vallei, terwijl de adelaar zijn duikvlucht inzet. De vogel heeft de vleugels achter zich omhooggetrokken en het dier laat zich in duizelingwekkende vaart naar beneden vallen en slaat de klauwen met gespreide vleugels in het vosje. De twee rollen over de grond.

Door de wind kan de roofvogel niet op het vosje blijven zitten en slaat hij de vleugels opnieuw uit om het evenwicht te bewaren. Het vosje weet te ontkomen en zich tussen de rotsen te verbergen.

De adelaar vliegt naar een rots waar ze met de kop ingetrokken blijft zitten. 'Adelaars hebben een sterk karakter,' heeft Aralbay de eerste dag verteld, 'en als ze de vos laten ontsnappen komen ze uit schaamte maar moeilijk terug.'

Aralbay zit op zijn paard te schreeuwen en zwaait met een konijnenpootje door de lucht om de vogel terug te lokken. Het dier slaat opnieuw de vleugels uit en vliegt naar de uitgestrekte arm van haar baas. De klauwen zitten vol bloed van het vosje. Aralbay veegt ze schoon en voert de vogel een paar happen vlees, waarna we snel weer achter het vosje aan rijden.

We zien de vos nog één keer, maar uiteindelijk weet het dier te ontkomen. Aralbay is teleurgesteld. Hij had graag op het festival willen verschijnen met een vossenhuid aan zijn zadel. Bovendien is ons vlees op en nu hebben we alleen nog een zak *baursak*, gefrituurde deegsnippers, te eten.

De laatste nacht slapen we aan de oever van een riviertje. We zitten op ruim dertig kilometer afstand van Ölgii, en zien zo nu en dan een andere ruiter of een UAZ-busje in de verte voorbijrijden. De mannen hebben hun adelaar op hun kostbare zadels gezet, zodat niemand die in de nacht durft te stelen. Vanuit de tent hoor ik de rivier klateren.

We drinken thee die naar benzine smaakt omdat we een jerrycan gebruiken waar ooit brandstof in heeft gezeten en waar iedereen verschrikkelijk van moet boeren. De oprispingen ruiken naar benzine.

Als ik de volgende morgen wakker word, is het doodstil en zelfs het murmelende beekje zwijgt. Die nacht is de rivier dichtgevroren en ik ben inderdaad blij dat ik kan opstaan om

Jury van adelaarsfestival in Ölgii met de scorebordjes voor Aralbay
(CIRCA / Tj. Halbertsma)

het koude lijf warm te lopen. Op het vuur staat al een pan water te koken om thee van te zetten, voordat we de tent en bagage op de paarden binden. Ik probeer zo veel mogelijk van het
warme vocht naar binnen te werken, maar de thee smaakt nog
altijd naar benzine. De adelaars zitten bewegingloos in de ochtendkou, de kap over hun kop, met een leren lijn aan de zilveren zadels gebonden.

We rijden in een boog door de bergen naar Ölgii om op tijd
voor het festival te zijn.

Jagers en herders vanuit de hele provincie rijden op hun paarden door het stadje en in de avond stroomt Ölgii vol. Vrijwel

alle ruiters hebben een adelaar op hun arm en een hoed van vossenbont op het hoofd. Een enkeling draagt een jas van paardenhuid. Ze houden hun paarden in om een praatje met een oude bekende te maken of elkaars adelaar te bewonderen. Kinderen kijken vol ontzag toe en springen angstig weg als een van de dieren de vleugels uitslaat.

Het festival zelf wordt aan de voet van de Altai-bergen gehouden en twee dagen lang zullen de adelaars zich meten. De jongste jager is een jongen van vijftien. Hij heeft nu nog een mannetjesadelaar, maar zal als hij ouder is met de veel grotere en agressievere vrouwtjes gaan jagen. Zijn vader rijdt op een witte schimmel en draagt een indrukwekkende jas van een andere schimmel, waarvan de manen op zijn schouders hangen. De oudste van de jagers is een Kazak van zesentachtig jaar. Op zijn arm draagt hij zijn zevende vogel.

Een jury, gekleed in prachtige gewaden met goudstiksels, heeft twee bureaus in het stof van de uitgestrekte vlakte gezet en beoordeelt de deelnemers. Nadat Aralbay in de eerste ronde zijn adelaar heeft getoond houden de juryleden plechtig hun scorebordjes omhoog. Aralbay krijgt een 9, 9, 9, 8, 9.

Vervolgens klimmen de jagers op hun paarden naar de top van een heuvel die aan de rand van de vlakte gelegen is, om hun adelaars uit te laten vliegen. Een ruiter galoppeert door het dal en sleept een vossenhuid aan een lijn achter zich aan. Een voor een storten de adelaars zich op de huid, waarna de juryleden opnieuw hun scorebordjes ophouden. Af en toe steekt de wind op en zweven de vogels de bergen in, waarna de wedstrijd komt stil te liggen terwijl de menigte de eigenaar nakijkt die te paard zijn adelaar achterna stormt om het dier niet uit het oog te verliezen. De eigenaar brult tegen de wind en laat een lap vlees uit zijn handschoen bungelen.

Aan het einde van het festival wordt een wolf uit een jeep gehaald. De voorpoten zijn aan elkaar gebonden en twee mannen slepen hem bij de achterpoten het terrein op. De wolf gromt naar de mannen om hem heen, die de benen nemen zodra ze de knoop in het touw rond de voorpoten losgemaakt hebben.

Op de bergtop zie ik de jagers razendsnel de kappen van hun adelaar trekken. Zeven adelaars vliegen uit en positioneren zich voor hun duikvlucht. Als de wolf voorbij rent zie ik dat zijn bek met ijzerdraad is dichtgebonden. Een minuut nadat de vogels zijn uitgevlogen zet de eerste adelaar zijn duikvlucht in en slaan de klauwen zich in de vacht van de wolf, die voorover in het zand tuimelt.

De menigte is uitzinnig en rent en masse op de wolf en de adelaar af. De toeschouwers verdringen zich schreeuwend in een enorme stofwolk om de twee vechtende dieren heen. De jager van de vogel komt op zijn paard aandraven. De vogel heeft de wolf bij de kop gepakt en wacht tot zijn meester arriveert, om de huid niet verder te beschadigen. Als de jager zijn adelaar van het dier heeft afgehaald, wordt hij door de menigte op de schouders genomen, met adelaar en al. De wolf leeft nog en wordt bloedend naar een jeep gesleurd, maar zal later worden doodgeknuppeld.

Aralbay wint uiteindelijk een derde prijs en krijgt een certificaat uitgereikt. De winnaar is een Kazak uit het oosten van Bayan-Ölgii. Jagers en toeschouwers verdringen zich om zijn paard om hem te feliciteren. De man heft beide armen juichend in de lucht. In de ene hand houdt hij zijn trofee, op de andere arm zit de winnende vogel.

'Allah akbar,' brult hij.

'Allah akbar,' schreeuwt de menigte terug.

De kleine wereld

'Het is een wild volk, dat leeft van zijn vee, dat uit herten
bestaat, die zij berijden als paarden.'
Marco Polo in zijn *Beschrijving van de wereld*,
dertiende eeuw

'Stel je voor,' schreef de Engelsman Carruthers in 1913, 'een
volk dat van slechts één diersoort leeft, waarvan zij volkomen
afhankelijk zijn voor hun voedsel, kleding en vervoer!'

Carruthers bedoelde de Dukha, een volk dat met kuddes
rendieren over de Mongoolse taiga en door de bossen van Siberië trok. Ondanks de strenge winters leefde het volk in *ögs*,
een soort tipi's of wigwams van huiden en boombast. Carruthers was een van de weinige westerlingen die de Dukha in de
vroege twintigste eeuw wisten te vinden, nadat de dertiende-
eeuwse *Geheime geschiedenis van de Mongolen* en Marco Polo's
Beschrijving van de wereld al de Dukha hadden beschreven, die
zich diep in de bossen van Noord-Mongolië hadden terugge-
trokken en zich zelfs maar nauwelijks aan de Mongolen lieten
zien.

'Uiteindelijk willen zij het liefst alleen gelaten worden,' concludeerde Carruthers in zijn lijvige werk *Unknown Mongolia*.
In het boek voorspelde hij echter ook dat het volk 'zo primitief, melancholisch en verlegen was', dat het wel snel zou uit-
sterven.

In het postkantoor aan het Sukhbaatar-plein zag ik voor het
eerst een plaatje van de Dukha en hun rendieren. Tussen de
kleurrijke ansichtkaarten met nomaden en landschappen op

Tsedenbal en Anastasya Filatove; omstreeks 1950 (© NMMH).

de antracietgrijze toonbanken lag een opvallende zwartwitfoto van een man en een kind die op hun rendieren met enorme geweien, in volle vaart door de taiga galoppeerden. 'Tsaatan' stond er op de achterkant van de verouderde prent, het Mongoolse woord voor 'rendiervolk'. De foto was intrigerend en moest ergens in een ver verleden zijn genomen.

Een Mongoolse vriend aan wie ik het plaatje liet zien, was minder onder de indruk.

'Waarom verkopen ze geen kleurenfoto's,' vroeg hij minachtend, 'of sturen ze niet een fotograaf naar de Tsaatan om eens wat nieuwe foto's te maken.'

'Nieuwe foto's?' vroeg ik

'Waarom niet?' zei hij nog eens. 'Het is een lange reis naar de grens, maar de Dukha zwerven nog altijd met hun rendieren door het noorden van Mongolië. Ze zijn een beetje gek, ze leven zelfs in de winter nog in een tipi, bij min zestig graden.'

Stel je toch voor dat je in een tipi van berkenbast de winter moet zien door te komen. Het klonk alsof er maar weinig veranderd was sinds Marco Polo de Dukha beschreef. Ik kon nauwelijks geloven dat het volk oorlogen en een revolutie overleefd had en uiteindelijk ook nog eens aan de desastreuze sovjetdroom van de Mongoolse veldmaarschalk Tsedenbal had weten te ontsnappen.

In 1952, een jaar voordat Stalin stierf, overleed Choibalsan. Yumjaagiyn Tsedenbal, een grijze bureaucraat die vanaf de jaren veertig de macht naar zich toe had weten te trekken, verwierf een alleenheerschappij die steeds meer megalomane proporties aannam. Aan het einde van zijn heerschappij had hij zichzelf maar liefst zesmaal de hoogste staatsonderscheiding toegekend en een stoet van titels aangenomen.

Tsedenbal regeerde uiteindelijk veertig jaar over Mongolië en werd voornamelijk bekend om zijn voorliefde voor alles wat Russisch was. Zijn droeve erfenis is dan ook dat hij het land trachtte te russificeren. Hij woonde met zijn Russische vrouw, Anastasya Filatove, naast de Russische ambassade, waarvan verteld wordt dat die door een ondergrondse tunnel met zijn residentie was verbonden, verving het Mongoolse schrift voor het cyrillische en had het over Rusland als 'de oudere broer' van Mongolië.

Jasper Becker, een Britse journalist die Mongolië vóór 1990 al bezocht, omschrijft het beleid van Tsedenbal in zijn prachtige boek *The Lost Country* treffend als een 'vorm van culturele lobotomie'. Ook het gebied van de Dukha moest het ontgelden.

De Dukha zijn een volk dat oorspronkelijk nauwe banden heeft met Tannu Tuva, een voormalige sovjetrepubliek ten noorden van Mongolië, waar nog altijd honderden rendierherders wonen.

Het gebied werd in de achttiende eeuw door China en Rusland verdeeld toen zij het Verdrag van Kiakhta tekenden. China kreeg daarmee controle over het gebied ten zuiden van het Sayan-gebergte, waar de Dukha leefden die de Uriankhai, het 'bosvolk', genoemd werden. De taiga was met al zijn mossen en dichte bossen een ideaal terrein voor het houden van rendieren.

Het gebied was zo afgelegen dat de Chinezen hun wachtposten ten zuiden van het Khövsgöl-meer opzetten, terwijl de Russen, die het noordelijke deel aan hun rijk toevoegden, hun grensposten ten noorden van de Sayan-bergen bouwden. De taiga daartussen, waar de Dukha leefden, was een witte vlek op de kaart.

In 1944 sloot Tuva zich bij de Sovjet-Unie aan. Het gerucht gaat dat de premier van Tuva, Salchak Toka, Choibalsan voorstelde om hetzelfde te doen, waarop deze hem in het gezicht zou hebben geslagen. De klap draagt ongetwijfeld bij aan de dubbelzinnige positie van Choibalsan als vrijheidsstrijder en dictator.

Tussen 1945 en 1955 werden de Dukha-herders herhaaldelijk door de Mongoolse grenspolitie naar Tuva in de Sovjet-Unie uitgewezen. Een aantal Dukha bleven hun rendieren in de taiga van Mongolië hoeden en in 1955 kregen zij eindelijk de Mongoolse nationaliteit. Wie ze precies waren was niet helemaal duidelijk, want de Mongoolse regering registreerde hen eerst als Uigur en vervolgens als Uriankhai, maar bestempelt het volk tot op de dag van vandaag als Tsaatan, het 'rendiervolk'. De registratie betekende dat de Mongoolse regering van Tsedenbal de Dukha in haar beleid moest opnemen, waarvoor de MPRP een beleidsmaker aanstelde.

Eind jaren vijftig startte Tsedenbal een collectivisatie die het bestaan van de Dukha aan de rand van de afgrond bracht. Geadviseerd door de MPRP-beleidsmaker Badamkhatan vatte Tsedenbal het plan op om de Dukha in een collectieve visserij- en rendierboerderij te vestigen. Het plan was simpel, maar ook desastreus.

In zijn advies van 1962 schreef Badamkhatan: 'Duizenden jaren hebben de Tsaatan door de taiga getrokken om hun rendieren van voedsel te voorzien. Om een einde aan deze traditie te maken moeten we vanaf nu de rendieren hooi leren eten. Als de juiste maatregelen worden genomen om de kalveren en jonge dieren in de laagvlakten te houden, zal het eenvoudig worden om de Tsaatan in een dorp of *negdel*, collectief, te vestigen en het volk van hun eeuwige onbeduidendheid te bevrijden.'

De *negdel*s werden opgericht in twee lokaties en kregen de namen Altan Tal en Jargalant Amdral (Mongools voor 'gouden steppe' en 'gelukkig leven'). De Gouden Steppe kwam aan het meer Tsagaannuur te staan, waar in 1960 een boerderij en veertien huizen werden gebouwd, terwijl Gelukkig Leven in het plaatsje Ulaan Uul werd gevestigd.

De Dukha, die duizenden jaren in de taiga hadden gewoond en vrijwel maandelijks hun tentenkamp verplaatsten, werden plotseling gedwongen in huizen en *ger*-tenten te leven.

In 1984 werd Tsedenbal tijdens een vakantie in Moskou afgezet, officieel om gezondheidsredenen, maar de werkelijke reden was dat hij zich door zijn voorliefde voor Rusland onpopulair bij de andere Mongoolse kaders had gemaakt. Tsedenbal bleef tot zijn dood in 1991 in Moskou wonen. Tijdens de parlementsverkiezingen van 2000 dook zijn zoon Zorig plotseling in Ulaanbaatar op om zich verkiesbaar te stellen, maar hij werd uiteindelijk weggehoond toen bleek dat hij nauwelijks Mongools sprak.

In 1990, met het uiteenvallen van het oude MPRP-beleid van collectivisatie en het instorten van de grote sovjetbroer, zagen achtentwintig Dukha-families hun kans schoon.

Tegen alle verwachtingen in verlieten de families hun huizen en namen zij hun rendieren mee terug naar de taiga. De ouderen wisten zich nog te herinneren hoe je een tipi moest opzetten en de jongeren hadden de dieren de bergen in gedreven. Een tweetal jaren later was een Amerikaanse antropoloog, Alan Wheeler, de Dukha tegengekomen.

Alan Wheeler is letterlijk een Amerikaanse cowboy, die in 1992 met zijn vrouw naar Mongolië trok om het English Language Institute (ELI) te leiden, een Amerikaans taleninstituut dat een reputatie heeft meer geïnteresseerd te zijn in het verbreiden van het christendom dan in het correct gebruik van de Engelse grammatica. De persoon die me aan Alan voorstelde noemde hem dan ook in één adem zowel een 'verdomde missionaris' als 'de wereldexpert' van de Dukha en hun rendieren. In ieder geval spreekt hij vloeiend Mongools en Dukha, de taal die door het rendiervolk wordt gesproken. Daarnaast is hij een van de weinige westerlingen die *khoomii* beheersen, de complexe Mongoolse polytonale keelzang waarbij de zanger meerdere boventonen tegelijk zingt.

Toen ik hem in Ulaanbaatar opzocht, was hij net terug uit het noorden. Met zijn enorme baard en lange haar zag hij er niet als een respectabel lid van een Amerikaans kerkgenootschap uit, maar hij reageerde ongekend fel toen ik zijn baard met die van John Walker in Afghanistan vergeleek.

Alan komt uit Corn, een gehucht in Oklahoma, waar hij rodeo's reed. 'In Corn waren vijftig baptisten, driehonderd mennonieten en bijna honderd zondaars,' weet hij feilloos te vertellen. Zelf sloot hij zich bij een kerk aan die tijdens de dienst voornamelijk rockmuziek draaide. 'Religion is not about ritual, it's all about relation,' verduidelijkte hij met zijn Oklahoma-accent, 'and some rock of course.'

Na zijn eerste bezoek aan de Dukha schreef hij een aantal artikelen die in een PhD-graad van Cambridge resulteerden.

'Ik ben in Corn grootgebracht met de bijbel, veel slaag en "Rocky Mountain Oysters",' zegt de voormalige rodeorijder, 'Cambridge en Mongolië laten zich in Corn maar moeilijk uitleggen.'

Tijdens onze eerste ontmoeting spreken we af elkaar een maand later in Mörön, de provinciale hoofdstad van Khövsgöl, te ontmoeten. Vervolgens zullen we met een jeep twaalf uur naar het noorden rijden, paarden huren en de Dukha proberen te vinden. Bij hen zal Alan acht maanden blijven voor zijn onderzoek.

'Neem warme kleren mee,' adviseert hij. De maanden die hij heeft uitgezocht zijn wintermaanden, met in januari temperaturen die tot min vijftig graden Celsius dalen.

Eind oktober rijd ik naar het vliegveld van Ulaanbaatar en mis ik bijna de vlucht naar Mörön, omdat de taxichauffeur onderweg stopt om zijn drie maanden oude baby de fles te geven. Uiteindelijk haal ik toch nog het vliegtuig, dat zes uur vertraagd blijkt omdat het in Mörön zwaar weer is.

In de wachtkamer van het vliegveld krijg ik de Engelstalige *Mongol Messenger*, waarin staat dat de Associatie voor Burgerluchtvaart de Mongoolse regering oproept om reserveonderdelen te kopen, omdat anders een catastrofaal vliegtuigongeluk onvermijdelijk wordt. Alle andere vluchten vanaf Ulaanbaatar zijn vanwege de storm afgelast, maar Mörön heeft als enige plaats een geasfalteerde landingsbaan en uiteindelijk loop ik met achttien andere passagiers naar het vliegtuigje. Twee mannen met sjaals om hun hoofd tegen de koude wind checken de flappen en het landingsgestel.

Na een turbulente vlucht zet de piloot zijn landing op Mörön in. Vanuit het toestel zie ik wolken zand in strepen over het vliegveld blazen. Het toestel schudt en trilt vervaarlijk, maar de piloot zet het toestel geroutineerd aan de grond. Als hij in de storm over het asfalt naar de kantine loopt, houdt hij de pet op zijn hoofd stevig vast, zodat die niet weggeblazen wordt.

In de wachtkamer van het luchthaventje staat Alan grijnzend te wachten. 'Misselijk?' vraagt hij als hij de bleke passagiers ziet. Hij heeft een hotelkamer gehuurd en een UAZ-busje voor de volgende dag geregeld. De hotelkamer heeft oranje vloeren, lichtblauwe muren en roestbruin kraanwater. In de kamer liggen stapels dozen en plunjezakken die hem door de winter moeten helpen. Er ligt een tent en twee enorme slaapzakken, een leren zadel met zadeltassen en munitie, potten met poeders tegen luizen en vier indrukwekkende emmers met tien liter Virginia Old Dominion-pindakaas. Om zich acht maanden te vermaken heeft Alan een mondharp meegenomen.

'Het eten moet zo snel mogelijk op, zodat ik als de Dukha kan leven,' zegt hij, en als ik op de emmers pindakaas wijs, besluit hij twee emmers aan een bevriende missionaris in het gebied te geven. In een lokale winkel rekent hij vervolgens uit hoeveel meter wc-papier je in acht maanden verbruikt. De vrouw achter de toonbank kijkt verschrikt als ze hoort dat hij acht maanden in de taiga zal doorbrengen.

'Het is er koud,' waarschuwt ze, maar ze lijkt blij te zijn met de verkoop van ruim 650 meter wc-papier.

De volgende morgen laden we de UAZ in en rijden we naar Tsagaannuur. We missen de prachtige stenen beelden van Ushigiin Uver die in een vallei meer naar het westen staan (zie blz. 172), en het Khövsgöl-meer ligt verborgen achter het Khoridol Saridag-gebergte. De berg Delgerkhaan staat als een perfecte piramide tussen de pieken. De toppen van het gebergte zijn wit besneeuwd en als we de eerste pas bereiken blijkt het ook daarachter zachtjes te sneeuwen. Enorme *ovoo*s, rituele bergen van boomstammen en keien, markeren de pas. Schedels van paarden, koeienhoorns en hoeven zijn rond de *ovoo* gelegd en honderden *khadag*s wapperen in de wind. Achter iedere pas die we overtrekken, ligt meer sneeuw en ijs en worden de naaldbossen dichter. Het is alsof we een andere wereld binnenrijden.

De weg is slecht – uiteindelijk doen we ruim twaalf uur over nog geen driehonderd kilometer – en we komen slechts één keer een tegenligger tegen wiens benzine is opgeraakt. We geven de man een lift naar Ulaan Uul, het dorpje waar in de jaren zestig de *negdel*-boerderij Gelukkig Leven werd opgericht. In het dorpje staat een antieke benzinepomp met een zwengel. Een wijzer geeft het aantal liters op een roomkleurige wijzerplaat aan en ik verbaas me erover dat het klaarblijkelijk loont om een tankwagen helemaal naar Ulaan Uul te laten rijden om de tank te vullen en dat de vrachtwagen dan zelf nog genoeg benzine heeft om weer naar de bewoonde wereld terug te rijden.

Als we de laatste van drie passen oversteken, zien we het meer Tsagaannuur, letterlijk 'wit meer', in de besneeuwde vallei liggen. Aan de randen ligt al ijs en uit de meeste schoorstenen van de huizen aan het meer komt rook. De winter is hier allang begonnen. Op zijn terugweg zal Alan over het metersdikke ijs van de bevroren meren naar Mörön kunnen rijden.

Het dorpje Tsagaannuur bestaat uit blokhutten waar een kleine tweehonderd families wonen. Er is behalve een winkel en een bakker maar weinig te vinden. De huizen zijn klein en hebben lage plafonds, zodat ze makkelijk warm te stoken zijn. Alleen het gemeentehuis heeft twee verdiepingen. De ramen zijn oranje en blauw geschilderd en geven enige kleur aan het winterlandschap. Niet ver daar vandaan staat de collectieve boerderij Gouden Steppe, waarin de Dukha in de jaren zestig werden ondergebracht. Boven de deur heeft een timmerman met een figuurzaag een hamer en een sikkel uitgezaagd, evenals het jaartal waarin de *negdel* werd opgericht: 1960.

Alan kent een missionaris in Tsagaannuur, van wiens blokhut we gebruik mogen maken. De hut staat aan de rand van het dorpje, naast een kerkje dat een eerdere missionaris daar in 1994 gebouwd heeft. De missionaris is Rita Doyle, een Amerikaanse vrouw die al vijf jaar met haar geadopteerde dochtertje in Tsagaannuur woont en nu op verlof in Amerika is. Rita wordt volgens Alan erg gemist; zij betaalt de elektriciteitsrekening en nu ze weg is zit het hele dorp zonder stroom. Water wordt in emmers uit het meer gehaald en buiten op het erf is een groot gat gegraven waarover een houten wc-huisje is gebouwd. Er ligt een enorme stapel brandhout voor de kachel.

Het huis bestaat uit twee kamers en is Spartaans ingericht. Er is wol en vilt tussen de kieren in de ramen gestopt en in een van de kamers staat een gietijzeren Wood and Stanley Waterford, een kolossaal houtfornuis uit Ierland waarop ook gekookt wordt. Aan de muren hangen bijbelteksten en de Tien Geboden, en bij de deur een plaatje van de Ark van Noach met daaronder 'God houdt zijn beloften' en 'Wat mij en mijn huis betreft, wij dienen de Heer'.

Door de ramen kan ik de ijspegels aan de dakgoot zien hangen. Een buurman komt water in een zinken emmer brengen en een praatje maken. De man kijkt eens in de kachel die we hebben aangestoken en vertelt dat het een koude nacht gaat worden. Als we hem naar temperaturen vragen, antwoordt hij dat hij het niet weet: de vorige winter is zijn thermometer kapot gevroren.

'Bij −58 graden Celsius,' lacht hij.

'Maar jullie hoeven je geen zorgen te maken,' zegt hij terwijl hij om zich heen kijkt, 'dit huis is precies als een huis in Amerika.'

De kachel brandt behaaglijk en er blijkt zelfs een zonnepaneel op het dak te staan voor een spaarlamp. 'Klein Amerika,' zegt de man goedkeurend.

Als ik de volgende morgen wakker word, staat Rita's thermometer op −22 graden Celsius en ik heb het koud. Ik vraag me af hoe dat zal gaan als we bij de Dukha in de taiga zijn en in een tent zullen slapen. We lopen door Tsagaannuur naar Solnoi, de vader van een oude bekende van Alan, van wie we paarden hopen te huren. Alan heeft een brief bij zich van diens zoon waarin deze uitlegt wie we zijn. Een kleindochter leest hem voor.

Solnoi woont met zijn familie in een hut van nog geen vier bij vier meter en zijn meubilair bestaat uit twee bedden en een kruk. Zoals bij de Dukha niet ongebruikelijk is, heeft hij een groot gezin van negen kinderen. In het midden van de kamer staat een houtkacheltje te roken waardoor de hele ruimte beroet is. Rita's hut is opeens inderdaad een comfortabel 'Amerikaans huis', zoals haar buurman de avond daarvoor opmerkte.

Solnoi vertelt dat hij die dag naar zijn *ger* had willen verhuizen, maar daar is het vandaag te koud voor, dus wacht hij tot het weer iets opklaart. 'De winter is weer vroeg gekomen,' zegt hij.

Uiteindelijk spreken we af dat hij de volgende dag vier paarden zal brengen die we voor de gebruikelijke prijs van twee dollar per dag van hem zullen huren. Solnoi, die vroeger zelf in de taiga heeft geleefd, zal nog dezelfde dag zijn paarden gaan zoeken die hij voor de winter in het bos heeft achtergelaten. De paarden zorgen in de winter voor zichzelf en worden pas opgehaald als ze nodig zijn. Zelf zal Solnoi als gids meegaan.

Vervolgens melden we ons bij de grenspolitie, omdat we tot vlak bij de grens met het Russische Tuva zullen rijden. De mannen zitten in camouflagetenue rond de kachel en zijn verbaasd dat we zo laat in het jaar naar het noorden willen reizen.

Het gebied is berucht vanwege veedieven die in het noorden van Mongolië paarden stelen en ze over de grens naar Tuva drijven. Mongolië deelt ruim achtduizend kilometer grens met China en Rusland en alleen al in 2001 waren er 276 gerapporteerde grensincidenten. Waarschijnlijk zijn het er veel meer, maar het merendeel wordt nooit opgemerkt omdat de meeste grenzen afgelegen in de Gobi, de steppe of de Altai liggen.

'Alle mannen uit Tuva zijn dieven,' zegt de commandant. 'Zelfs de Chinezen wilden Tuva niet hebben, en daarom trokken ze de grens onder Tuva door,' schampert hij.

De soldaten geven uiteindelijk toestemming voor de reis zolang we maar niet zullen jagen. Ik moet aan de doos met munitie in Alans bagage denken.

De Dukha en vrijwel alle andere inwoners van het gebied leven grotendeels van de jacht. Carruthers merkte in 1913 al op dat de enige handelswaar uit de buitenwereld die de Dukha interesseert tabak, jachtgeweren en munitie is.

Op de *Khar Zakh*, letterlijk 'zwarte markt', van Ulaanbaatar heeft Alan munitie weten te kopen: veertig patronen voor een karabijn en twintig patronen voor een Vintov-geweer. De Vintov wordt in het Russische leger door scherpschutters gebruikt, maar de Dukha jagen er graag mee op elanden en Alan heeft de patronen dan ook als geschenken meegenomen. Voor de vrouwen heeft hij naalden en garen, en voor iedere familie kopen we in Tsagaannuur een pak kaarsen en een blok geperste thee.

Als Solnoi de volgende dag paarden komt brengen, sneeuwt het gestaag. De dieren staan onverstoorbaar te wachten, terwijl ze beladen worden. Solnoi draagt een *deel* van paarse wol met een citroengele sjerp en heeft een enorme bontmuts op het hoofd. De laarzen aan zijn voeten zijn opgelapt met stukken leer die hij over de scheuren heeft genaaid. Ik heb een warme *deel* van schapenhuid kunnen lenen, die maar liefst zeven kilo weegt. De wollen krullen komen als lange slierten uit de mouwen en onder de zoom vandaan en ik moet aan foto's van de twintigste-eeuwse ontdekkingsreizigers Aurel Stein en Sven Hedin denken waarop ze een eeuw eerder in precies dezelfde kleding gefotografeerd werden: qua kleding is er in Mongolië in een eeuw weinig veranderd. Solnoi moet erg lachen als hij me in de jas ziet.

'Het is nog veel te vroeg in het jaar om zo'n warme *deel* te dragen,' zegt hij, 'zo koud is het nu ook weer niet.'

Later zullen we een aantal herders tegenkomen die grappen dat het zo hard is gaan sneeuwen omdat mijn *deel* de weergoden uitdaagt. Vooralsnog zit ik warm in het zadel met de flappen van het kledingstuk over mijn knieën geslagen tegen de sneeuw, die de hele dag zal blijven vallen. We rijden langs het meer pal naar het noorden, vanwaar ook de wind komt en steken een rivier over om naar het noordoosten af te buigen. Solnoi rijdt voorop en is wit van de sneeuw. Zijn adem drijft in witte wolken over zijn schouders. Alan is op zijn paard duidelijk in zijn element en spoort tijdens het rijden de pakpaarden aan door een leren lijn als een zweep te laten knallen. We rijden door een dik pak sneeuw naar het bos. Af en toe steken we een bevroren rivier over, maar het ijs is nog niet dik genoeg om het gewicht van de paarden te dragen. De paarden zakken tot de buik door het ijs en springen met angstig opengesperde ogen door de wakken. Bij iedere sprong slaan de voorbenen opnieuw door het ijs, totdat de andere oever is bereikt. De dagen zijn kort en we rijden die dag zonder te stoppen. Na acht uur bereiken we de taiga en laten we de steppe achter ons.

Vanaf hier kunnen de paarden niet meer grazen en groeien er alleen mossen en struikgewas tussen de bomen.

Niet veel later zien we de geraamtes van verlaten tipi's staan. De houten palen zijn als skeletten in het landschap achtergelaten toen de Dukha hun kamp verplaatsten en verder naar het noorden zijn getrokken. De Dukha verplaatsen hun kamp zo'n vijftien keer per jaar, en wat niet op de rendieren kan worden gepakt wordt op de rug gedragen.

Een aantal dagen tevoren heb ik langs een bosrand kilometerslange sleepsporen in het zand gezien. Ik verbaasde me over de merkwaardige sporen, totdat we een Mongoolse familie inhaalden die hun oranje voorraadkisten en het vilt van de *ger*-tent op yaks hadden geladen. Aan beide flanken van de dieren waren lange stammen gebonden, waarop bagage gepakt was. De uiteinden van de stammen sleepten over de grond achter de dieren aan, waardoor de opvallende sporen in het zand getrokken werden. Hoewel de sterke yaks onverstoorbaar doorsjokten en weinig hinder leken te ondervinden van de last, verwonderde ik me over het feit dat er nog groepen nomaden zijn die het wiel niet gebruiken.

De Dukha daarentegen leven in een gebied waar karren noch sleepstammen gebruikt worden. We weten nog altijd niet waar zij nu hun kamp hebben opgeslagen, maar Solnoi zegt hen in hoogstens drie dagen te kunnen vinden. Dan komen we een drietal jagers tegen die vertellen dat de Dukha op slechts vier uur rijden te vinden zijn, en we besluiten door te rijden tot aan het kamp. Ondanks de sneeuwkou zweten de paarden. Af en toe vliegt er een vogel op, maar verder is het woud stil door de sneeuw die alle geluiden dempt.

Met nog een halfuur daglicht te gaan zien we plotseling verse sporen van rendieren in de sneeuw en terwijl we achter de sporen aan de vallei in rijden doemen kleine driehoekige vlakken aan de voet van de heuvels op.

'Ög,' wijst Alan. Tipi's!

De tenten staan langs een bevroren rivier en rendieren liggen rond de tenten. Het tafereel is overweldigend. Voor ons ligt de kleine wereld van de Dukha. Ik houd het paard in om het moment te behouden, totdat de honden ons opmerken en beginnen te blaffen. Kinderen en hun ouders steken hun hoofd door de tentflappen naar buiten. De rendieren blijven onverstoorbaar doorkauwen als we het kamp binnenrijden.

Bat, een van de oudere mannen in het kamp die Alan al eerder ontmoet heeft, helpt ons de zadels en bagage van de paarden te halen. We hebben de hele dag aan een stuk door gereden, en mijn benen zijn stram van de kou en het rijden. Bovendien heb ik zoveel kleren aangetrokken dat ik me maar nauwelijks kan bewegen.

We waden door de struiken en de sneeuw naar een van de tenten. Iedereen is blij Alan weer terug te zien. De mannen schudden lachend zijn hand en de kinderen raken hem even aan, waarna ze zich giechelend uit de voeten maken.

In de tent wordt het vuur opgerakeld en er wordt meteen een pot melkthee gemaakt. We zitten op een rendierhuid aan de noordzijde van de tent die voor gasten gereserveerd is. De anderen zitten op de aangestampte aarde waar pollen mos doorheen groeien. De tent is van een overrompelend simpele constructie: een tiental stokken is als een kegel tegen elkaar gezet en daaromheen is tentdoek gewikkeld. Onder het tentdoek zie ik de houten palen van de wigwam naar de punt toelopen waar de stammen elkaar kruisen en het tentdoek ophoudt om de rook naar buiten te laten ontsnappen. Door de opening kan ik de donkere hemel zien. In het midden van de tent staat een kacheltje, de enige wezenlijke verandering sinds Marco Polo de Dukha beschreef. Tot halverwege de twintigste eeuw brandden de Dukha open vuren in hun tenten. Tegen het tentdoek staan een paar kisten en liggen opgerolde vilten matrassen en dekens en aan een van de tentpalen hangt een sjamanistische *eeren*, een linnen zak met heilige voorwerpen die iedere avond met een brandend takje jeneverbes bewierookt wordt.

De tent is van Ganbat, die zegt dat we de komende dagen bij hem zullen logeren. Hij is een kleine man met gitzwart haar en heeft een gezicht vol ragfijne rimpeltjes die tot op zijn oogleden te zien zijn. De plooien in zijn wangen en de vouwen in zijn oogleden liggen als berkenbast op zijn gezicht. Ganbat en zijn vrouw hebben hun zeven dochters en zonen naar hemellichamen vernoemd: Zon, Maan, Poolster en Kosmos, in het Mongools Naran, Saran, Tsolmon en Sansar. Het gezin is een universum op zich.

De jongste kinderen dragen laarzen van rendierbont. De jongetjes zijn met strikken in het haar als meisjes aangekleed, om slechte geesten te misleiden die in de eerste plaats op het stelen van jongetjes uit zijn en meisjes met rust laten.

Ganbats vrouw, Hurelee, breekt een stuk van een geperst blok theebladen af dat ze met een mengsel van water en rendiermelk in de ketel kookt. Inmiddels is de tent volgestroomd met Dukha die Alan willen spreken. De mannen zitten gehurkt bij de ingang van de tent en slurpen hun thee, die in de kommen dampt. De thee smaakt romig door de rendiermelk en ik voel de warmte door mijn lijf stromen. Ik heb nog altijd mijn *deel* van schapenhuid aan en als ik me door de menigte naar buiten wurm brand ik een pluk schapenwol aan de kachel. De kinderen komen aan de verschroeide haren ruiken en de mannen lachen en grappen dat ik te groot voor de tent ben. Vergeleken met de Dukha en door alle kleding die ik aan heb ben ik inderdaad enorm en een van de mannen noemt me 'Ondor Gongor', de Mongoolse reus die begin vorige eeuw door de Mongoolse Bogd Khan als curiositeit aan de Russische tsaar werd gegeven. Het verhaal gaat dat hij zoveel at dat de tsaar de man uiteindelijk terug naar Mongolië stuurde, waar hij zijn laatste dagen sleet.

'Ondor Gongor,' fluisteren en giechelen de kinderen terwijl ze de verschroeide wol opsnuiven, totdat een van de vrouwen zegt dat ze daarmee moeten stoppen.

Buiten rusten de rendieren tussen de struiken, op hun vacht ligt een laagje sneeuw. Ze snuiven als ik langskom. De dieren hebben een onbedaarlijke behoefte aan zout, en als ik geürineerd heb, likken ze de besmeurde sneeuw naar binnen. Tussen de dieren liggen de honden als een bal opgerold, kop tussen de achterpoten en staart dicht tegen het lijf aangedrukt.

In de vallei klinken stemmen uit de verschillende tenten op, en ik kan de sneeuwvlokken zien oplichten in de bundels kaarslicht die uit de openingen van de tenttoppen de sterrenhemel in schijnen. Als ik in de tent terugkom, staat er een pan met rendiervlees op de kachel. De Dukha eten alleen 's avonds en dit is hun enige maal die dag. Het vlees hangt stijf bevroren aan een houten driepoot naast de tent. Hurelee heeft een bijl nodig om er een stuk af te hakken.

De mannen vragen Alan hoe lang hij denkt te blijven. 'Tot na Tsagaan Sar, de eerste maand van het Mongoolse nieuwe jaar,' zegt hij. De mannen overwegen het antwoord en allen beamen dat het een goed plan is.

Als het eten klaar is trekken alle andere gasten zich terug in hun eigen tenten. Solnoi vertelt over Tsagaannuur, waar twee

De reus Ondor Gongor; omstreeks 1935 (© NMMH).

kinderen van Ganbat en Hurelee op school zitten. Noch Ganbat noch zijn vrouw zijn ooit zuidelijker dan Tsagaannuur geweest – ze hebben bijvoorbeeld nooit de provinciale hoofdstad Mörön bezocht.

Solnoi daarentegen is een man van de wereld. 'Tijdens de wereldcup was ik in Ulaanbaatar,' zegt hij onverwacht. 'En jij?'

Alan antwoordt dat hij in Amerika was en ik in Ulaanbaatar. In de taiga van Mongolië zijn beide even ver weg en ik moet aan Enkhbayars opmerking denken dat als je uit de steppe terugkomt Ulaanbaatar plotseling een wereldstad is geworden. Zelfs het 'Klein Amerika' van Rita Doyle ligt een wereld verder en die avond weet niemand wie de cup gewonnen heeft, totdat Solnoi vragend 'Brazilië?' oppert.

Vrijwel meteen na de maaltijd gaat iedereen slapen. Rendierhuiden en vilten matrassen worden op de aarden vloer uitgerold. Onder het tentzeil door kan ik de sneeuw zien, en ik voel de koude lucht door de tent stromen. Als alle bedden zijn klaargemaakt wordt de kachel vol hout gestopt en vult de tent zich met warme lucht die binnen de kortste tijd door de ruime opening in de nok van de tent weer naar buiten ontsnapt. Even is het heet in de tent en iedereen schiet zijn bed in. Buiten kan ik de rendieren horen snuiven. Dan slaat de kou genadeloos toe.

Als ik de volgende morgen wakker word, slaat Ganbat met een stok van binnenuit de sneeuw van zijn tent. Door de nok zie ik roze licht schijnen en een heldere hemel zonder wolken. In de andere tenten brandt het vuur al. De rook drijft in een horizontale nevel door het dal; ook de wind is gaan liggen. De vrouwen melken de rendieren voordat die het bos in gestuurd worden. De dieren stappen gewillig door de sneeuw en bij iedere stap hoor ik het karakteristieke klikje in de gewrichten van hun poten waardoor ze elkaar in de winter kunnen horen en volgen, als de dagen kort zijn en de sneeuw alle geluiden dempt. Het zijn prachtige dieren met zachte huiden in grijze, bruine en witte tinten. Bij een aantal beesten is er een wollen lijn tussen een van de achterpoten en de kop gespannen, om hun bewegingsvrijheid te beperken en te zorgen dat ze niet te ver in het bos zullen afdwalen. Op de enorme geweien zit bont dat er in de komende weken af zal vallen voordat het hert zijn volledige gewei zal afschudden. De bonthuid is doorbloed waardoor in de warme zomer het dier kan afkoelen. Voordat de huid op het gewei zal afsterven worden de geweien echter afgezaagd en aan Chinese handelaren verkocht. De meeste dieren bloeden nog op de plek waar destijds het gewei van hun kop is gezaagd.

In een uur is het kamp weer tot rust gekomen en alle dieren zijn op een paar na verdwenen. Vier jongens zadelen de laatste rendieren om het bos in te rijden. Ze zullen drie dagen wegblijven om te jagen. Op hun ruggen hangen de geweren en in hun zakken rinkelen de patronen die Alan hun heeft gegeven. Ze zullen onder de sterren slapen, in de sneeuw, totdat ze genoeg eekhoorns hebben geschoten om terug naar het kamp te komen. De jongens zijn nog geen zestien jaar en hebben kort daarvoor opgemerkt dat het leven in de taiga beter is dan in Tsagaannuur. Als ik ze vraag waarom, zegt een van hen dat het brandhout veel te ver weg is, en dat hij geen idee heeft wat hij in Tsagaannuur zou moeten doen. 'Er is geen werk en geen hout,' zegt hij resoluut.

Iedere keer als ik de jongens zie, verwonder ik me erover hoe rustig ze hun gang gaan en hoe volwassen ze zijn. Dat geldt ook voor de andere kinderen. Als ik op een dag de tent van Bat binnenstap, zijn alleen diens kinderen thuis. De oudste is zeven jaar en ik zie hem regelmatig op een rendier door het kamp draven. Het jongetje gebaart me aan de noordzijde van de tent te gaan zitten, wipt vervolgens de deksel van de kachel af om een paar blokken hout op het vuur te gooien, terwijl hij aan zijn vierjarige zusje vraagt om thee voor de gast te zetten. Honden kruipen continu onder het tentdoek door, maar de kinderen stompen de dieren met hun vuisten de tent weer uit.

In de late middag moeten de rendieren uit het bos worden teruggehaald en rij ik met de vrouw van Bat en hun zoontje op een van de achtergebleven herten het bos in. Bat heeft zijn hond meegestuurd die met grote sprongen door de sneeuw springt. Bij iedere sprong gaat het dier bijna onder in het dikke pak sneeuw.

Het uitzicht vanaf het rendier is adembenemend, het landschap wordt ingelijst door een gewei van bont. Door het gewei zie ik de vrouw van Bat en haar zoontje tussen de dennenstammen door rijden. Beiden rijden zonder zadel. Af en toe stoppen ze om naar de sporen van de rendieren te kijken.

Het zoontje hapt zo nu en dan een mond vol sneeuw rechtstreeks van een dennentak. Als zijn rendier plotseling inhoudt om naar mos te zoeken, glijdt hij over de nek van het dier en tuimelt hij in de sneeuw. Zijn moeder trekt hem vanuit de diepe sneeuw terug op het rendier.

De dieren hebben een rustige tred, waarbij hun ruggengraat prachtig horizontaal blijft; alleen is de huid zo los, dat het zadel regelmatig naar één kant wegzakt voordat de huid aan de andere kant gespannen staat. Ik glijd over de rug van het dier heen en weer, totdat ik mijn balans vind.

We vinden vier dieren, die zich gewillig naar het kamp terug laten drijven. Bats vrouw blijft naar de andere rendieren zoeken, maar keert laat in de avond onverrichter zake terug. Ze maakt zich zorgen dat de kudde die nacht door wolven wordt aangevallen.

In de dagen dat we in het kamp verblijven, vraag ik me af wat de Dukha zo speciaal maakt dat we hen sinds Marco Polo willen beschrijven, ontmoeten en in sommige gevallen veranderen. Talloze groepen en individuen hebben zich over het volk proberen te ontfermen. Badamkhatan hoopte de Dukha 'van hun eeuwige onbeduidendheid te bevrijden'. Na hem hebben verschillende nieuwe groepen zich aangediend, of de Dukha dat nu willen of niet.

Een Italiaanse groep veeartsen heeft de rendieren ingeënt, JICA, de Japanse hulpgroep, heeft een groep Dukha in de oostelijke taiga een satelliettelefoon gegeven (wie ze daarmee moeten bellen is mij een volstrekt raadsel) en ook de zending en missie hebben de taiga bereikt. Het tentdoek waarin de tipi's gewikkeld zijn blijkt nota bene door de kerk van Rita Doyle gedoneerd te zijn.

'Vijftien meter per tent,' vertelt Ganbat, 'en het is uitstekend doek.'

Tegen het doek hangt zijn heilige sjamanistische *eeren*.

Een week na ons bezoek zal een fotograaf en schrijver voor *National Geographic* aankomen om een reportage over de Dukha te maken en ook reisbureaus in Ulaanbaatar hebben de magie van de Dukha ontdekt. Vooralsnog heeft Ganbats familie revolutie, collectivisatie, antropologie en missie weten te overleven, maar de reportages en reisbureaus zullen ongetwijfeld meer en meer groepen naar de taiga leiden, totdat de Dukha zo diep het bos in trekken dat ze niet meer gevonden worden.

En dat lijkt me de ironie van het Dukha-bestaan. Carruthers had opgemerkt dat de Dukha het liefst alleen wilden worden gelaten. Zijn observatie werd een aansporing, helemaal toen de Dukha na hun gedwongen collectivisatie voor het schijnbaar onmogelijke kozen en naar de taiga terugkeerden.

Op de laatste dag laden we mijn bagage op de paarden om terug naar Tsagaannuur te rijden. De kinderen die te klein zijn om te helpen staan dicht tegen elkaar voor de tipi's en slaan het gebeuren gade. Na het afscheid zijn de vrouwen vrijwel meteen weer aan het werk gegaan. Alleen Hurelee, Ganbats vrouw, blijft wachten totdat we de paarden keren en langs de bevroren rivier het dal uitrijden.

Ganbat is de dag ervoor al naar Tsagaannuur gereden om zijn kinderen op te halen die daar naar school gaan. Hij maakt zich zorgen dat de school niet warm genoeg is voor zijn dochtertje, van wie tijdens de vorige winter op school een vinger bevroor, omdat er niet genoeg hout voor de kachel was. Daarnaast staat de familie op het punt om naar de wintervallei te trekken.

Halverwege mijn terugreis naar Tsagaannuur zie ik Ganbat aan de voet van de heilige berg Rinchen Lhum aan komen rijden. Hij heeft veertien kinderen bij zich, die op vijf paarden naar huis gebracht worden. De kinderen zitten met zijn drieën in een zadel.

Vanaf onze paarden schudden we elkaar de hand. Achter hem zit zijn dochtertje Naran, die hij naar de Zon vernoemd heeft.

'Wanneer kom je terug?' vraagt hij.

'Ik weet het niet, maar ik hoop dat we elkaar weer zullen tegenkomen,' zeg ik.

'Ik zal je niet vergeten...,' antwoordt Ganbat, waarna hij zijn paard aanspoort. Ook zijn dochtertje kijkt niet meer om als zij stapvoets de winter inrijden.

De Gouden Horde

In 1241 bestormden de Mongolen de Poolse stad Kraków en
blies een stadswacht vanaf de kathedraaltoren met zijn trom-
petalarm. Halverwege zijn trompetspel werd hij door een pijl
van een Mongoolse boogschutter in de keel getroffen. Sindsdien wordt in Kraków de aanval herdacht door ieder uur het
trompetspel te spelen en af te breken op de noot waarop de
dertiende-eeuwse wacht gedood werd.

De Mongoolse boogschutter behoorde tot de Gouden Horde, ongetwijfeld een van de meest geduchte legers uit de wereldgeschiedenis. Het leger bestond voornamelijk uit ruiters,
die met hun snelle paarden en trefzekere bogen hun tegenstanders keer op keer te snel af waren. Sommige van hun pijlen
waren van fluiten voorzien die gillend door de lucht schoten
om paniek te zaaien, maar meestal was de aanval op brute
kracht gebaseerd. Geen enkel oorlogsmiddel werd geschuwd:
bij belegeringen werden al in staat van ontbinding verkerende
lichamen over de stadsmuren gekatapulteerd, teneinde ziekte
en angst te verspreiden, en de legenden vertellen hoe de Mongoolse troepen steden tot aan de katten en honden toe uitroei-
den.

Boogschutter in Töv (CIRCA / Tj. Halbertsma).

De gruwelijke verhalen bereikten Europa nog voordat de troepen halverwege de dertiende eeuw aan haar grenzen kwamen te staan; het continent zou uiteindelijk slechts op het nippertje aan een invasie onsnappen. Toen de Mongoolse troepen de oever van de Donau bereikten, stierf Ogedei Khan, een kleinzoon van Genghis, en zoals gebruikelijk was werden toen alle Mongoolse generaals teruggeroepen om een nieuwe khan te kiezen. De invasie van Europa werd daardoor op het laatste moment afgelast, maar de angst zat er in het westen goed in. 'Zij komen uit de hel, *ex tartaro*,' sidderden de Europeanen, die het volk niet alleen met de Tataren verwarden, maar ook de letter 'r' aan die benaming toevoegden en het Mongoolse volk dus Tartaren – 'Hellevolk' – noemden.

Na de geweldige expansie in de dertiende eeuw verdween de Gouden Horde uit het zicht, maar het Mongoolse rijk behield tot ver in de twintigste eeuw zijn mysterieuze en bloeddorstige reputatie. 'Het geheimzinnige Mongolië, middelpunt der oude wereld, heeft van zijn verborgenheden prijs moeten geven...,' luidde de aanhef van een reeks artikelen die in 1923 in *De Groene Amsterdammer* verscheen. Een jaar eerder was de Pool Ferdinant Ossendowski uit Mongolië teruggekeerd en zijn boek *Dieren, Menschen en Goden* werd vrijwel meteen een internationale bestseller. Ook in Nederland: zeven weken lang verscheen er in de rubriek 'Tijdgenooten' op de voorpagina van *De Groene* een samenvatting van Ossendowski's wonderbaarlijke tocht en twee jaar later volgde er zelfs een nieuwe serie. Het westen was opnieuw in de ban van Mongolië.

In dezelfde periode bezocht de Zweedse ontdekkingsreiziger Sven Hedin het gebied. Hedin en Ossendowski waren, ondanks hun gedeelde belangstelling voor Centraal-Azië, geen vrienden. De Zweed beschuldigde Ossendowski van plagiaat en schetste in zijn eigen reisverslag *Van Pool tot Pool* bovendien een volkomen nieuw en tot voordien onbekend beeld van een vredig en zelfs slaperig Mongolië.

'De zwaarden zijn in hun schede vastgeroest en de vorsten der Mongolen wonen vreedzaam op de steppen in hun tenten,' schreef hij om daaraan toe te voegen hoezeer de Chinezen zich over de nieuwe vreedzaamheid van hun noorderburen verheugden. Zelfs de Grote Muur was overbodig geworden en lag er in Hedins dagen al eeuwen vervallen bij. Alleen de roemruchte legenden van de Gouden Horde bleven bestaan.

'Van het woedend wapengekletter, waarnaar de wereld eens sidderend luisterde, is zelfs geen echo overgebleven,' concludeerde Hedin.

Ondanks zeventig jaar sovjetoverheersing heeft Mongolië nog altijd een eigen leger en op een namiddag in september rijd ik naar het treinstation van Ulaanbaatar, waar de regeringstrein staat te wachten. De trein zal ons naar het noorden van Mongolië brengen waar premier Enkhbayar het moderne equivalent van de Gouden Horde en de civiele troepen zal inspecteren. De delegatie die hem vergezelt bestaat uit generaal Kosmos, de Mongoolse astronaut die in het kabinet van Enkhbayar tot minister van Defensie is benoemd, en drie andere ministers die verantwoordelijk zijn voor de uitvoering van het Mongoolse calamiteitenplan in tijden van oorlog of rampspoed, zoals een *zud*, de winterramp die de herders van Mongolië al jaren teistert.

Op het perron hoor ik het geluid van naderende sirenes en even later draait een colonne zwarte Mercedesen met enorme vaart het perron op. Autodeuren vliegen open en bodyguards met zonnebrillen, gemillimeterd haar en zwarte commandokostuums springen naar buiten. Op hun ruggen staat met grote letters ter verduidelijking 'swat Team'. De Oost-Duitse regeringswagon waarin de premier zal reizen wordt aan een zorgvuldig onderzoek onderworpen, waarna we allemaal instappen.

Iedereen heeft een eigen couchette, en mijn deur toont een etiket waarop in het Mongools 'Hollander' is geschreven. Het is een Agatha Christie-achtige trein, waarvan de cabines zijn ingericht met veel houtwerk en zware bureaus en leunstoelen. Aan de wanden hangen tapijten met afbeeldingen van Genghis Khan en galopperende paarden. We verlaten Ulaanbaatar via de Trans-Mongolië-spoorlijn die de stad met Peking en Moskou verbindt, maar zullen in het noorden afslaan naar Erdenet, de grootste kopermijn van het land.

Niet lang nadat we de stad achter ons hebben gelaten, komt een van de SWAT-jongens me halen voor het avondeten. In de restauratiewagen zitten de politici rond een gedekte tafel. De glazen rinkelen op het tafellaken en de dranken schudden ritmisch in de karaffen door het gedreun van de wielen op de rails. Behalve de politici is ook de directeur van de Mongoolse spoorwegen aangeschoven, die voor de gelegenheid een geweldig uniform vol goudstiksels en medailles heeft aangetrokken.

Tegenover me zit minister Kosmos in een zwartleren colbert met een zwart overhemd. Op zijn zwarte das prijkt een dasspeld met een gouden straaljagertje. We hebben elkaar niet eerder gesproken, maar ik heb zijn beeltenis overal in Mongolië op muurschilderingen gezien, waar hij steevast lachend met een astronautenhelm op is afgebeeld.

Ik vraag minister Kosmos naar Dennis Tito, de Amerikaanse gepensioneerde zakenman, die net uit de ruimte is teruggekeerd nadat hij bij het Russische ruimtevaartprogramma een 'raketkaartje' had weten te kopen. Tito heeft van hetzelfde Sojoez-systeem gebruikgemaakt als waarmee Kosmos een twintigtal jaren eerder de ruimte is ingeschoten, en heeft naar verluidt ruim 22 miljoen dollar voor zijn tocht betaald. De Amerikaanse astronauten waren woedend dat de Russen een amateur de ruimte in stuurden, maar minister Kosmos kan er zich niet over opwinden en noemt Tito 'gewoon een ruimtetoerist'.

Het is 12 september en die morgen heb ik voor het eerst de tv-beelden van de aanslag op het World Trade Center in New

Minister Kosmos op een muurschildering in Selenge (CIRCA / Tj. Halbertsma).

York gezien. Enkhbayar vraagt iedereen welke consequenties de aanslagen voor Mongolië zullen hebben. Kosmos antwoordt dat hij verwacht dat het aantal vliegtuigen dat van het Mongoolse luchtruim gebruik wil maken sterk zal toenemen.

Mongolië ligt met zijn enorme landoppervlak strategisch in Centraal-Azië en in de maanden die volgen wordt naast het luchtruim van Irak ook dat van Afghanistan gesloten. Mongolië verdient inderdaad miljoenen dollars aan uitgeweken lijnvluchten die van zijn luchtruim gebruikmaken. De opbrengst is dat jaar ongeveer gelijk aan het bedrag dat Tito voor zijn raketkaartje betaalde.

Die nacht wordt de trein op de spoorlijn stilgezet zodat iedereen ongestoord kan slapen. De volgende dag rolt de trein om stipt acht uur het stationnetje van Erdenet binnen. Op het perron liggen rode tapijten en nadat premier Enkhbayar met bloemen en een kom gefermenteerde *airag* is verwelkomd, stappen we in een colonne jeeps om de steppe van Noord-Mongolië in te rijden.

Ieder kwartier staat er in de steppe een politieagent die met zijn knuppel de richting aangeeft terwijl de colonne langsscheurt. De agenten springen in de houding en salueren naar de geblindeerde auto's, om vervolgens wat verloren in het uitgestrekte landschap achter te blijven. Door het achterraam van de jeep zie ik ze de colonne nakijken en ik vraag me af wie ze komt oppikken en hoe lang dat nog gaat duren.

Uiteindelijk stopt de colonne bij een aantal *ger*-tenten die in de steppe langs een rivier staan. Bij de tenten staat een tafel met een kom *airag* en een schaal gekookt schapenvlees, waarachter een herder met zijn familie zit te wachten. Het bezoek van de Mongoolse premier aan de herders in de steppe is een traditie die in de vroege MPRP-periode ontstaan is, toen de communistische kaders regelmatig georganiseerde inspectietochten maakten, zoals dat in vrijwel alle communistische landen gebruikelijk was. In de dagen die volgen zal Enkhbayar een graanbedrijf te zien krijgen, een vrijwillige civiele wacht inspecteren en verschillende scholen, ziekenhuizen en klinieken bezoeken.

Ook het bezoek aan de herder is voorbereid, maar zoals vrijwel alle herders in Mongolië staat hij de premier zelfverzekerd te woord. Hij vertelt dat er iedere maand vee wordt gestolen en hoe dat over de grens met Rusland wordt gedreven. 'We rijden erachteraan, maar de dieven hebben meestal een nacht voorsprong, zodat we ze te paard niet meer kunnen inhalen,' zegt hij.

De man spreekt bedaard en respectvol, maar als er iets is dat uit zijn woorden blijkt is het wel dat hij zich geen knollen voor citroenen laat verkopen, zelfs niet door de premier uit de grote stad. Zoals veel herders in Mongolië zegt hij onomwonden wat hem op het hart ligt.

'De politie heeft een jeep nodig om de dieven in te halen en die is er niet, en de school heeft niet genoeg brandstof om de winter door te komen, dus gaan de kinderen niet naar school.'

Enkhbayar zegt brandstof toe, maar in de winter die volgt zal dat opnieuw een probleem blijken.

In de namiddag bereiken we de Selenge-rivier, waar een oefenterrein van het Mongoolse leger ligt en de moderne Gouden Horde zijn slagkracht zal demonstreren. Enkhbayar, inmiddels in een groen camouflagepak, inspecteert materieel dat op een houten tafel is uitgestald. Er liggen een paar rubberen lieslaarzen, een duikpak met koperen helm die regelrecht uit een Kuifje-avontuur lijkt te komen, en een enorme hoeveelheid zwemvesten. Een sergeant in uniform rapporteert brullend wat ons te wachten staat waarna hij het gezelschap naar een loopgraaf met telescopen dirigeert. Vervolgens begint de demonstratie van het oorlogstuig: tanks en pantservoertuigen storten zich in de rivier terwijl vuurpijlen en donderbussen worden afgestoken en kanonnen worden opgesteld. Een amfibievoertuig wordt van een vrachtwagen in het water gereden om de andere oever van de rivier in te nemen en soldaten vuren losse flodders uit hun machinegeweren. Binnen de kortste keren is de lucht blauw van de kruitdamp en zijn overal donderslagen en gillende keukenmeiden te horen. Een tank luidt met een daverende klap de finale in, en in de heuvels aan de overkant van de rivier kan ik de bommen zien inslaan. Aan het eind van het spektakel fluiten mijn oren ervan. De sergeant komt opnieuw brullend uitleggen dat de onderneming succesvol is geweest en dat het materieel zonder problemen de andere zijde van de rivier bereikt heeft.

We zitten vlak bij de grens en ik hoop maar dat de Russen gewaarschuwd zijn dat het hier om een demonstratieoefening voor de premier gaat.

In verschillende hospitaaltenten wordt vervolgens getoond hoe de gewonden van de veldslag worden opgelapt. Acteurs liggen op brancards met grote bebloede zwachtels om het hoofd. Hun opengereten ledematen worden door serieus kijkende zusters met naald en draad weer dichtgenaaid. Een man met een gapende hoofdwond schudt vanaf zijn ziekenhuisbed de premier de hand, maar weet niet of hij daarbij moet blijven liggen of opstaan. Uiteindelijk gaat hij dan maar rechtovereind in bed zitten waardoor zijn zwachtels van het voorhoofd zakken en het namaakbloed hem over de wangen stroomt. Met de beelden van de aanslagen op het WTC en Pentagon zo vers in het geheugen vind ik het maar een akelig gezicht. Tot slot verzekert een generaal de Mongoolse regering dat de leger- en civiele troepen paraat staan voor alle soorten calamiteiten in het land. En calamiteiten zijn er te over.

Mongolië heeft net de strengste winter sinds mensenheugenis achter zich en zal opnieuw een rampzalige *zud*, een extreem koude winter, tegemoet gaan waarin herders van de kou zullen bezwijken en miljoenen dieren zullen omkomen. Overal waar we komen spreken herders hun zorgen over de naderende winter uit, want overal is het gras zo kort dat het zand in wolken over de steppe waait.

Als we drie dagen later in het station van Erdenet terugkomen staat de regeringstrein daar nog te wachten, de rol biscuitjes die ik op het tafeltje heb achtergelaten ligt nog onaangeroerd in de couchette.

Het viel Sven Hedin al aan het begin van de twintigste eeuw op hoezeer de Mongolen door de eeuwen heen veranderd waren. De manschappen van de Gouden Horde hadden hun wapens neergelegd en waren en masse tot de boeddhistische kloosters toegetreden. Vrijwel ieder gezin had een kind in het klooster.

'Het vreedzame kloosterleven doet de in oude tijden zo oorlogszuchtige, wilde Mongolenbenden hun eigen kracht vergeten,' schreef Hedin. Het beeld dat hij schetste wordt waarschijnlijk het beste geïllustreerd door een bezoek aan de oude Mongoolse hoofdstad Karakoram, het 'Zwarte Kamp'.

Karakoram werd in de eerste helft van de dertiende eeuw door een kleinzoon van Genghis Khan in de Orkhon-vallei gesticht. Het moet een kleine stad geweest zijn, die net zoals Ulaanbaatar voornamelijk uit tenten bestond die rond het paleis van de khan waren opgesteld. Vanuit deze stad rukte de Gouden Horde naar de grenzen van Europa op. In dezelfde periode trok echter ook een aantal westerse missionarissen in tegenovergestelde richting vanuit Europa naar de Mongoolse hoofdstad. Hun beschrijvingen geven het enige beeld dat we van de stad hebben, want nadat het wereldrijk van de Mongolen uiteen was gevallen, werd de stad door de Chinese legers tot aan de fundamenten verwoest.

'Rond de stad ligt een aarden muur met vier poorten,' schreef de Vlaamse monnik Van Ruysbroeck, die de stad in zijn hoogtijdagen bezocht en de omvang daarvan met St.-Denis ten zuiden van Parijs vergeleek. 'Aan de oostelijke poort wordt graan verkocht, aan de westelijke schapen en geiten, aan de zuidelijke ossen en karren en aan de noordelijke poort paarden.'

Als Karakoram nog had bestaan, zou het er vandaag waarschijnlijk niet anders toegaan.

In het Mongoolse parlement gaan sinds 1990 stemmen op om Ulaanbaatar te verlaten en Karakoram opnieuw als hoofdstad uit te roepen, in navolging van landen als Kazakstan en Duitsland, die na het uiteenvallen van de Sovjet-Unie nieuwe hoofdsteden kozen.

Een maand voordat het inspectiebezoek van de premier aan het zuiden van Mongolië zal plaatsvinden, reis ik naar Karakoram. Als ik de Orkhon-vallei binnenrijd, strekt de westelijke steppe zich tot aan de horizon uit; het is niet makkelijk voor te stellen dat hier ooit een stad lag van waaruit de Mongoolse Gouden Horde naar het westen daverde om de wereld te veroveren. Een gebarsten sculptuur van een stenen schildpad is een van de weinige brokstukken die van de legendarische stad is overgebleven. Mocht men in Mongolië ooit de beslissing nemen zijn roemruchte hoofdstad in ere te herstellen, dan zal Karakoram vanaf het steppegras moeten worden opgebouwd.

Rond de schildpad hebben vier vrouwen hun handelswaar op doeken in het gras uitgestald. Er liggen rollen biscuit, snoepjes en handgeschilderde prenten van herders die op hun paarden door de steppen galopperen. Karakoram bestaat alleen nog in de verhalen en tussen de souvenirs van de vrouwen is zelfs geen plaatje te vinden van hoe de stad er ooit moet hebben uitgezien.

Ik wandel naar het Erdeenezuu-klooster, dat niet ver daarvandaan ligt en in de zestiende eeuw uit de brokstukken van Karakoram opgebouwd werd nadat de Chinezen het Zwarte Kamp in de as hadden gelegd. Erdeenezuu is een groot klooster, met enorme tempelhallen en honderd en acht stoepa's. De bakstenen van het paleis waarin de Mongoolse khan zijn plannen voor een wereldrijk smeedde, zijn gebruikt om de kloosters te bouwen en uit de tempels klinken boeddhistische gezangen en soetra's op. In plaats van kruitdamp hangt de geur van wierook in de lanen van de kloosterstad en ik kan in de tempelhallen de zoete geur van lampenolie ruiken.

Sven Hedin heeft het klooster nooit bezocht, maar de ironie dat een klooster uit een krijgsstad oprees zou hem niet zijn ontgaan: 'De godsdienstoefeningen voor het Boeddhabeeld in de tempelzalen leidt hun gedachten in andere banen,' schreef hij. 'Zij denken er niet meer aan dat hun volk ooit bijna geheel Azië en half Europa onder zijn scepter had, en dat hun voorvaderen, "de gouden horde", zevenhonderd jaar geleden de Kaukasus overgetrokken zijn en het Westen ontsteltenis brachten.'

Tijdens de reis naar Karakoram was mij weer opgevallen hoe kort het gras in het westen van Mongolië was, en een maand later, bij een bezoek van premier Enkhbayar aan Zuidwest-Mongolië, worden de herders door de regering gewaarschuwd voor de aankomende *zud*. De regeringstrein is in Ulaanbaatar gebleven en we vliegen in een Russische helikopter naar de stad Bayankhongor in de gelijknamige provincie. Het toestel vliegt laag over de heuveltoppen en door de ramen zie ik opgeschrikte schapen en geiten de dalen in rennen.

Bayankhongor is in het afgelopen jaar met vier andere Mongoolse provincies het hardst door de *zud* getroffen nadat een droge zomer gevolgd werd door een winter met extreem lage temperaturen en veel sneeuw. Vanuit de lucht is te zien hoe droog en dor de steppen zijn. Er is nauwelijks gras, en wat er groeit is bruin door het gebrek aan water en de strenge kou. Als we landen stuiven enorme stofwolken onder de helikopter-wieken op. De steppe is een grote zandvlakte geworden.

Opnieuw rijden we in een colonne van jeeps de steppe in. Zo nu en dan wordt er op een pas gestopt bij een *ovoo*, een berg van heilige stenen waarin reizigers hun offers van blauwe *khadag*s en papiergeld achterlaten. Af en toe zijn er andere voorwerpen in de stenen achtergelaten zoals bidprentjes van de Dalai Lama of krukken van een herder die van een botbreuk genezen is. Soms bestaat de *ovoo* uit boomstammen die tegen elkaar zijn gezet of als mikadostokjes over elkaar liggen. Iedere keer wandelt het gezelschap driemaal rond het bouwwerk, zoals gebruikelijk is. Als er geen tijd is om te stoppen, rijden we in de auto's rond de *ovoo*, waarna de tocht vervolgd wordt.

Tijdens het bezoek aan de verschillende dorpen en herders in de steppe wordt noodhulp uitgedeeld en een aantal families krijgt een *ger* als ze behalve hun vee ook hun tenten door storm of brand verloren hebben. Daarnaast is er een rolstoel uit Ulaanbaatar meegekomen, die aan een man wordt gegeven die met krukken naar de premier hobbelt. De krukken van de herder zullen niet op een *ovoo* terechtkomen: de man zal ze zijn verdere leven nodig hebben.

'Geen tenen meer,' zegt een van de swat-jongens terwijl hij met zijn kin naar de man wijst en vertelt hoe tijdens de *zud* de voeten van de man bevroren.

De rolstoel staat klaar achter het podium en als ik hem bekijk zie ik dat er een vliegtuiglabel aan hangt. Op het label staat dat de stoel uit Milaan afkomstig is en aan een zekere meneer Punto heeft toebehoord, die in mei 2000 op weg was naar Triëst. Verder staat er weinig op het label, maar duidelijk is dat de rolstoel nooit in Triëst is aangekomen en tussen de gevonden voorwerpen op het vliegveld van Ulaanbaatar verzeild is ge-

Monniken bij een *ovoo* van boomstammen in Arkhangai (CIRCA / Tj. Halbertsma).

raakt. Nu wordt de stoel van meneer Punto uit Milaan aan een herder in de steppen van Mongolië gegeven. Het kan verkeren.

De dagen erna zit ik in de SWAT-jeep ingeklemd tussen twee beren van veiligheidsagenten en rijden we naar het zuidoosten van Bayankhongor. Voor in de auto zit een derde bodyguard. Nog voordat de jeep stopt, springen ze uit de rijdende auto en rennen ze naar de premier die voor ons rijdt. De autodeuren die ze open laten staan worden iedere keer trouw door de chauffeur weer dichtgetrokken. Omgekeerd betekent het dat als ik bij vertrek niet snel genoeg de auto in klim, die wegstuift zonder mij.

Na een bezoek aan een herder wandel ik terug in de richting van de jeep, maar de SWAT-jongens zijn alweer in een stofwolk achter de premier aangestoven. Een van de andere auto's is echter blijven wachten. Het is de jeep van de vice-gouverneur van de Centrale Bank van Mongolië die voorin zit, met een enorme doos bonbons in gouden wikkels op zijn schoot. Zo nu en dan zoekt hij bedachtzaam een chocolaatje uit dat hij nauwkeurig bekijkt voordat hij het in zijn mond steekt. We rijden over een zandpad achter de andere auto's aan, maar stoppen voor een herder die langs de weg zijn hand opsteekt.

In de verre omstreken is niets te zien en de herder vertelt de bestuurder dat hij naar de provinciehoofdstad op weg is, zo'n acht uur lopen. Nadat hij een dichtgevouwen schapenhuid in de achterbak heeft gelegd klimt hij in de auto. De jongen is negentien jaar en woont met zijn moeder in een *ger*, terwijl zijn broertje in de provinciale hoofdstad naar school gaat, waar een paar andere familieleden wonen. De vice-gouverneur biedt hem een bonbon aan, die de herder in zijn *deel* stopt, en vraagt de man hoe het er met zijn kudde voorstaat.

De familie heeft in de *zud* van de vorige winter alle paarden verloren, zodat hij nu te voet achter het overgebleven vee aan gaat. Van de twaalfduizend dieren die er in de vorige zomer in zijn district graasden, hebben nog geen twaalfhonderd de lente gehaald en ruim vijfhonderd families leven nu onder de armoedegrens, tweehonderd meer dan in het jaar daarvoor.

De auto hobbelt ondertussen gestaag over het zandpad. Nog geen tien minuten nadat de herder is ingestapt begint de jongen te braken. Om de auto niet te besmeuren geeft hij over in zijn bontmuts. Nadat hij is uitgestapt om een luchtje te scheppen veegt hij zijn hoed met de hand schoon.

'Ik ben niet zo gewend aan een auto,' zegt de herder verontschuldigend als hij weer instapt, en voordat we Bayankhongor bereiken moet hij nog twee keer overgeven.

De familie van de man behoort tot wat in Mongolië een 'armoedegezin' genoemd wordt: hij heeft minder dan zes dieren over, onvoldoende om op eigen kracht de winter door te komen. De herder is dan ook op weg naar de stad om familie te bezoeken en te kijken of hij daar geld kan lenen. Hij heeft in ieder geval een schapenhuid meegenomen om te verkopen. De schapen zijn echter zo mager, dat ze maar moeilijk te villen zijn, en de prijs van de huiden is door de slechte kwaliteit van de wol van drie dollar naar nog geen dollar per huid gezakt. Maar de grootste zorg van de herder is het gebrek aan mest, die als brandstof dient voor het smelten van ijs, het koken en het warmhouden van de tent.

De vice-gouverneur vraagt of hij voorbereidingen voor de winter heeft genomen.

'Het gras is veel te kort,' antwoordt de herder gelaten en als ik door het raampje naar de zandvlakte kijk, kan ik me inderdaad niet voorstellen dat het mogelijk is hier gras te verzamelen voor winterhooi.

'We hebben gehoord dat er bij Bayankhongor goud is gevonden,' zegt de herder tegen de vertegenwoordiger van de Centrale Bank. 'Als de dieren de winter niet halen en het niet beter wordt nemen we de *ger* daar naartoe en gaan we goud wassen.'

De gouden chocowikkels glimmen in de bonbondoos op de schoot van de bankier.

In Ulaanbaatar vertel ik het verhaal aan Erdeene, de goudzoeker.

'Uitgesloten,' zegt hij, 'een herder kan geen goud wassen. Generaties lang heeft zijn familie dieren gehoed, dat is de wereld die hij kent, hij kan niets anders, zelfs niet als hij al zijn dieren verloren heeft.'

Premier Enkhbayar is het echter niet met Erdeene eens en heeft in de voorgaande zomer tot ontsteltenis van de westerse media gezegd dat de meerderheid van de Mongolen hun nomadenbestaan achter zich zal moeten laten om te overleven.

'Uiteindelijk zal het overgrote deel van de bevolking in nieuwe steden terechtkomen en een nieuwe bron van inkomsten moeten vinden,' voorspelde hij tegenover een journalist die voor het Duitse zakenblad *Wirtschafts Woche* een verhaal over de nieuwe economie van Mongolië schreef.

Het is in Europa, dat de nomaden voornamelijk een romantisch bestaan toedicht, een onpopulair standpunt, maar Enkhbayar heeft waarschijnlijk gelijk. Mongolië was altijd al afhankelijk van zijn veestapel. Maar nu na de *zud* van 2000 en 2001 maar liefst een derde van het vee in de steppe is omgekomen, zijn tienduizenden herders hun bestaan kwijt en trekken zij met hun schamele bezittingen naar de stad. Rond de provinciale steden van Mongolië groeit langzaam een tentenkamp van herders die hun geluk in de stad gaan beproeven. De Mongoolse steden zijn opnieuw door tenten omringd, zoals de franciscaan Ruysbroeck zeven eeuwen eerder Karakoram al omschreven had.

Onvermijdelijk kwam de Duitse journalist van *Wirtschafts Woche* op het Mongoolse wereldrijk van de Gouden Horde. 'In de dertiende eeuw, onder Genghis Khan, was uw land oppermachtig. Vindt u het niet jammer dat u niet in díé tijd leeft?'

Nawoord

'Mongolia is where my heart is – from where
I draw strength and find solace.'
Munhtuya Altangerel in *Modern Mongolia* (2002)

Vrienden in Ulaanbaatar vertellen me dat je Mongolië niet voorgoed kunt verlaten en ik moet aan Ganbat de rendierherder denken en aan zijn laatste woorden. Hij heeft niet echt afscheid genomen en alleen maar gevraagd wanneer we elkaar zullen weerzien. Als ik Mongoolse vrienden in Ulaanbaatar bezoek en hun vertel dat ik terugga naar Nederland, begint het me op te vallen hoe vanzelfsprekend zij het vinden dat we elkaar zullen weerzien.

In de week voor mijn vertrek uit Mongolië kom ik voor het centrale warenhuis Ikh Delguur een van de straatkinderen tegen die ik me nog van mijn eerste bezoek aan Mongolië kan herinneren. In de loop der jaren heb ik hem tientallen keren gezien en zoals altijd werpt hij een snelle blik in mijn boodschappentas en wijst hij op een rol koekjes die hem wel aanspreekt. Zes jaar geleden was hij de jongste van de zwervertjes voor het warenhuis, maar inmiddels heeft hij een broertje onder zijn hoede genomen.

'Tot ziens,' zegt ook hij, terwijl hij zich op de hoek van de straat omdraait en terug naar de trappen van het warenhuis slentert.

Ook voor anderen is er veel gebeurd. Zaya Indranil heeft eindelijk een visum voor Amerika gekregen, maar ze vreest een biologische aanval op de Verenigde Staten en vraagt zich af of het niet veiliger is om toch maar in Mongolië te blijven. In de nieuwe supermarkt van het Genghis Hotel zoemt de eerste roltrap van het land en in de kranten wordt vermeld dat er een nieuwe politieke partij is opgericht. Premier Enkhbayar maakt zich op voor de verkiezingen van 2004 en Erdeene heeft te horen gekregen dat zijn goudmijn een hoog gehalte aan zilver bevat. Biba heeft ongetwijfeld een aantal nieuwe maffiaverhalen te vertellen, en in de steppe van Binnen-Mongolië worden graven leeggeroofd zoals dat al sinds mensenheugenis gebeurt.

In de Mongoolse hoofdstad veroorzaakt de graftombe van Choibalsan voor opschudding en wordt een plan gepresenteerd om het mausoleum met de resten van Choibalsan, maar ook die van Sukhbaatar, van het plein te verwijderen. In plaats daarvan zal een nieuwe ruimte gebouwd worden waarin beelden van Genghis en zijn negen generaals vereerd zullen worden.

Vlak voor mijn vertrek kom ik in Ulaanbaatar onverwacht Canat tegen. 'Aralbay en Bakyl hebben samen in een week zes vossen gevangen,' vertelt hij, 'en de gouverneur van Bayan-Ölgii heeft vijftig dollar uitgeloofd voor iedere wolf die ze weten te schieten.'

'Ganbat en zjin rendieren maken het goed,' weet Alan, die zelf een week na zijn terugkomst uit de taiga in een Chinees ziekenhuis is opgenomen met maagklachten en nierstenen.

Benjamin Parker schrijft me hoezeer de familie Mongolië mist en heeft in de bibliotheek alle boeken gelezen die hij over Genghis Khan en Mongolië kon vinden. Hij schrijft dat hij maar slecht aan het leven in Amerika kan wennen.

Het is waar: het is moeilijk om Mongolië te verlaten. Op weg naar het vliegveld grijnst Erdeene als we langs het billboard met de foto van Tuya en mij rijden, en drukt hij secondenlang op zijn toeter. 'Wanneer kom je terug?' vraagt hij, terwijl hij zijn ruitenwissers aanzet om de sneeuwvlokken van zijn voorruit te vegen.

Literatuur

'A nice book is always nice.'
Ross Lamprey, Karen (1989)

Baabar, B., *History of Mongolia*, White Horse Press, Cambridge 1999

Barnes, I., en R. Hudson, *Historical Atlas of Asia*, Macmillan, New York 1998

Becker, J., *The Lost Country*, Hodder and Stoughton, Londen 1992

Byvanck, W., 'Tijdgenooten – Ferdinant Ossendowski', *De Groene Amsterdammer*, zevendelige serie vanaf 2 juni 1923 en driedelige serie vanaf 5 september 1925

Boer, D.E.H. de (red.), *Kennis op kamelen*, Prometheus, Amsterdam 1998

Campbell, C., *Travels in Mongolia* (1902), *t*SO Publishing, Londen 2000

Cameron, N., *Barbarians and Mandarins*, Oxford University Press, Hongkong 1970

Carruthers, D., *Unknown Mongolia*, Vols. I & II, Hutchinson & Co., Londen 1913

Egami, N., 'Olon-sume et la découverte de l'église catholique romaine de Jean de Montecorvino', *Journal Asiatique* CCXXX, 155–167, Parijs 1952

Finch, C. (red.), *Mongolia's Wild Heritage*, Avery Press, Colorado 1995

Goldstein, M., en C. Bell, *The changing world of Mongolia's nomads*, Odyssey, Hongkong 1994

Franck, H., *Wandering in Northern China*, The Century Co., New York & Londen 1923

Halbertsma, T., *De verloren lotuskruisen*, Altamira-Becht, Haarlem 2002

Halbertsma, T., 'Tracing the Gobi – Nestorian Gravestones in Inner Mongolia', *Asian Art Newspaper* (mei 2003)

Halbertsma, T., 'Fading Images – Early Photography from Mongolia', *Asian Art Newspaper* (november 2002)

Halbertsma, T., 'The Heart of the Mountain – part 2', *Asian Art Newspaper* (september 2002)

Halbertsma, T., 'Lost Cities, Hidden Treasures; Olon Sume In Tor', *Asian Art Newspaper* (januari 2002)

Halbertsma, T., 'Conservation Work in Mongolia', *Asian Art Newspaper* (oktober 2001)

Halbertsma, T., 'Sauma, de Chinees die Europa ontdekte', *NRC Handelsblad* (30 maart 2002)

Halbertsma, T., 'Schop in de grond – grafrovers in Binnen-Mongolië', *NRC Handelsblad* (2 november 2001)

Halbertsma, T., 'Wing Commanders – Eaglehunters of Western Mongolia', *South China Morning Post, Sunday Magazine* (15 december 2002)

Halbertsma, T., 'Splendid Isolation,[…]', *South China Morning Post* (18 april 2002)

Halbertsma, T., 'Crossroads of faith – recent discoveries along the Silk Road', *South China Morning Post* (27 februari 2001)

Halbertsma, T., 'When East found West', *South China Morning Post* (14 april 2001)

Halbertsma, T., 'A tomb raiders treasure', *South China Morning Post* (17 juni 2001)

Halbertsma, T., 'Crosses in the dust – Olon Sume In Tor', *South China Morning Post* (20 september 2001)

Halbertsma, T., 'Paasfeest vieren in het hart van het Roomse Rijk', *Trouw* (14 april 2001)

Haslund-Christensen, H., *Men and Gods in Mongolia (Zaya-gan)*, Kegan Paul, Trench, Trubner & Co., Londen 1935

Haslund-Christensen, H., *Tents in Mongolia*, Kegan Paul, Trench, Trubner & Co., Londen 1934

Hedin, S., *Van Pool tot Pool*, Uitgeversmaatschappij W. de Haan N.V., Utrecht 1950

Hedin, S., *My life as an Explorer*, Oxford University Press, Hongkong 1991

Hedin, S., *Raadselen der Gobi*, Elsevier, Amsterdam 1934

Heissig, W., *De Mongolen*, Elsevier, Amsterdam 1980

Heissig, W., *The Religions of Mongolia*, University of California Press, Berkeley 1980

Hopkirk, P., *Setting the East Ablaze*, Oxford University Press, Oxford 1984

Huc, E., en J. Gabet, *Travels in Tartary, Thibet and China*, Vols. I & II, Kegan Paul, Trench, Truebner & Co., Londen 1898

Jettmar, K., *Art of the Steppes*, Methuen, Londen 1964

Juavaini, A., *Genghis Khan*, Manchester University Press, Manchester 1997

Kessler, A., *Empires beyond the Great Wall*, Natural History Museum of Los Angeles County, Los Angeles 1993

Lattimore, O., en Urgungge Onon, *Nationalism and revolution in Mongolia*, E.J. Brill, Leiden 1955

Lattimore, O., *Nomads and Commissars – Mongolia revisited*, Oxford University Press, New York 1962

Lattimore, O., *Studies in Frontier History*, Oxford University Press, Londen 1962

Lattimore, O. & E. (red.), *Silks, Spices and Empire*, Delacorte Press, 1968

Lattimore, O., *Mongol Journeys*, AMS Press, New York 1975

Larner, J., *Marco Polo and the Discovery of the World*, Yale University Press, New Haven 2001

Lindesay, W., *Alone on the Great Wall*, Hodder & Stoughton, Londen 1989

Lum, P., *My own pair of wings*, Chinese Materials Centre, San Francisco 1981

Marshall, R., *Storm from the East*, Penguin, Londen 1994

Martin, D., 'Preliminary report Nestorian remains North of Kuei-hua, Suiyuan', *Mon. Ser.* III (1938)

Ossendowski, F., *Dieren, Menschen en Goden*, H.P. Leopolds Uitgevers, Den Haag 1924

Ossendowski, F., *In de wildernissen van Azië*, H.P. Leopolds Uitgevers, Den Haag 1926

Palmer, M.G., J. Ramsay en M.H. Kwok, *Guanyin*, Altamira-Becht, Bloemendaal 2001

Sablov, P. (red.), *Modern Mongolia*, University of Pennsylvania MAA, Pennsylvania 2001

Sanders, A., *Historical Dictionary of Mongolia*, The Scarecrow Press, Londen 1996

Smith, R.J., *Chinese Maps*, Oxford University Press, Oxford 1996

So, J., en C. Bunker, *Traders and raiders*, Smithsonian Institution, Seattle & Londen 1995

Spence, J., *The Chan's Great Continent*, Norton, New York 2001

Sukhbaatar, O., T. Halbertsma e.a., *Sacred Sites of Mongolia*, ARC/WWF, Ulaanbaatar 2002

Sukhbaatar, O., T. Halbertsma e.a., *Legends of the Land*,

ARC/WWF, Ulaanbaatar 2001

Waley, A., *The Secret History of the Mongols*, House of Stratus, North Yorkshire 2002

Wood, F., *Did Marco Polo go to China?*, Secker & Warburg, Londen 1995